THINK BIG

THE MAGIC OF THINKING BIG

Think Big 引領你
突破根深蒂固的思考慣性，
擴張境界，勇敢實現夢想，
獲得你在人生中想擁有的一切

大格局
大思維

DAVID SCHWARTZ
大衛・斯瓦茲 著

陳思穎 譯

大格局大思維

Think Big 引領你突破根深蒂固的思考慣性，
擴張境界，勇敢實現夢想，獲得你在人生中想擁有的一切

The Magic of Thinking Big

作者　大衛・斯瓦茲（David Schwartz）
譯者　陳思穎
責任編輯　曾婉瑜
行銷企劃　劉妍伶
封面設計　周家瑤
版面構成　賴姵伶

發行人　王榮文
出版發行　遠流出版事業股份有限公司
地址　104005 台北市中山區中山北路 1 段 11 號 13 樓
客服電話　02-2571-0297
傳真　02-2571-0197
著作權顧問　蕭雄淋律師

2023 年 11 月 01 日 一版一刷
定價　新台幣 399 元（如有缺頁或破損，請寄回更換）

ISBN　978-626-361-336-2
遠流博識網　http://www.ylib.com
E-mail: ylib@ylib.com

國家圖書館出版品預行編目 (CIP) 資料

大格局大思維 : Think Big 引領你突破根深蒂固的思考慣性 , 擴張境界 , 勇敢實現夢想 , 獲得你在人生中想擁有的一切 / 大衛 . 斯瓦茲 (David Schwartz) ; 陳思穎譯 . -- 一版 . -- 臺北市 : 遠流出版事業股份有限公司 , 2023.11
面 ;　公分
譯自 : The magic of thinking big
ISBN 978-626-361-336-2(平裝)
1.CST: 思考 2.CST: 成功法
177.2　　112016622

目錄

推薦序

格局決定未來的結局

我是Money哥，是房產教練也是理財教練，當我接到出版社邀請我為這本書寫推薦序時，我非常的興奮以及喜悅，因為書中所論述的內容，似乎也是在描述我過往人生的真實寫照。

我的人生像是搭上雲霄飛車般的大起大落，讓我從高峰跌落到谷底再創高峰，這過程中我經歷過事業的失敗、離婚、破產、夜市擺攤、開計程車……等。幾乎對人生感到絕望，以及崩潰。唯一讓我活下去的理由，就是我那還沒長大的女兒。慶幸的是，我透過不斷的大量學習，以及自我激勵，才逐漸重新建立目標、培養自信，並運用正向思維進行自我溝通，我才能再次地邁向高峰，實現今天小小的成就。很恰巧的，這本書竟毫不保留地詮釋了我想表達的思維以及做法！

我很認同書中所述人生苦短，屈就自己真的不值得。我常勉勵自己說，同樣都要度過這數十載的人生，何不讓自己精彩走過，且華麗轉身呢？我常在課程中問學生，你們覺得成功容易還是失敗容易呢？許多人通常會回答說，當然是失敗容易！其實這答案是錯誤的！是成功比較容易，因為成功只需要忍耐一陣子，失敗卻要忍受一輩子！

書中也分享到，我們必須要學會如何運用思考的習慣與信念，來達到你渴望的成功！事實上很多人都不習慣用腦袋做事，而是很習慣的用體力與時間賺錢！其實這就像是蹺蹺板一樣！如果你懂得運用頭腦的能力，你其實可以輕輕鬆鬆翹動上百斤的大石頭的！而不是只是靠著蠻力以及體力！

成功與平庸的最大差別是什麼呢？其實就是藉口！這也是許多失敗者常有的通病。我們要為自己的成功找方法，而不要為自己的失敗找理由或是藉口！我常對許多人說，當我們把所有的藉口與理由拿掉，就等於成功！找藉口確實是一種會讓人越陷越深的毛病，替自己找到合理化的理由，是無法讓自己蛻變與進步的！

接下來提到的就是行動，我常說，所有老師都能教你成功致富的方法，唯一不能教的就是行動！坊間有許多人人稱讚的暢銷書籍，也聽過許多的大師課程，但是讀再多的書，聽再多的演講，學會再多的技巧，沒有行動一切都只是零！我是一個實踐者，學了就馬上去做，錯了再來修正，是我做事的風格！

「信念造就一生，堅毅成就美夢」，是我的座右銘，也是我能夠翻轉人生的重要關鍵！本書中也勉勵著我們，你想要多大的成功，將取決於你的信念格局有多大，目標小了，成就自然就小了，目標大了。成就也將非比尋常！你的成就，取決於你的信念有多強！透過信念，讓自己不受任何的阻礙！

最後非常鼓勵大家，能落實執行這本書所教的步驟與內容，我相信只要你堅持到底，距離你渴望的目標、夢想以及成功，只是時間早晚的問題而已了！恭喜你們擁有了這本書，表示各位距離成功只剩下一小步了！

《從10萬到兩億》作者、房產理財專家

Money哥－賴政昌

前言

人生苦短，屈就自己不值得

LIFE IS TOO SHORT TO BE LITTLE

為什麼要看這本書？為什麼要全面剖析 Think big ？許多類似的書籍都已問世，何必多讀這一本？容我說明背後的原因。

幾年前，我參加了一場令人印象深刻的業務員大會。這間公司行銷部門的副總經理充滿鬥志，想大力宣導一個觀念，於是找來首席業務一起站在台上。那個人長相平凡，但他年收入快超過六萬美元（編按：原書出版當時，六萬美元相當於現在的五十四萬美元，約合台幣 1620 萬，以下皆可以此換算），其他業務員的平均年收入只有一萬二美元。

這位副總經理向台下的業務同仁發問說：「大家仔細看一看哈利，仔細看！好，哈利身上有什麼你們沒有的特質？哈利賺的錢是其他人平均賺的五倍，但他有比你們聰明五倍嗎？沒有，至少從我們的人事性向測驗看來並沒有，我確認過了，他的測驗結果落在部門的平均值之下。

「哈利有比你們拚五倍嗎？沒有，至少從報告看來沒有，其實他比大多數人更常休假。

「那哈利負責跑的地區比較好嗎？我還是得說沒有，他的客戶數量跟平均值差不多。哈利的學歷比較高嗎？比較健康嗎？一樣，都沒有。哈利就跟一般人差不多，但就只有一個地方例外。

「哈利跟你們所有人的差別，」副總經理說道：「在於哈利的思考格局比你們大五倍。」

這位副總經理接著說明，成功的關鍵不是一個人的智商高低，而是一個人的思考有多不設限。

這個想法很有意思，後來始終停留在我腦海。我觀察得越多、跟越多人討論、越深入探討真正決定一個人能否成功的因素，答案便越是明顯。一個又一個案例證明，一個人的資產多寡、快樂與否、生活滿意度高低，取決於其思考格局的大小。Think big 的思考將會帶來不可思議的奇蹟。

很多人問我：「如果 Think big 能創造如此非凡的成就，那怎麼沒有每個人都這樣思考？」我認為原因在於我們容易深受旁人的想法影響，而且影響程度遠超過我們的認知，但許多人的想法又都侷限於狹小的視野，格局不大。你周遭的整個環境都在拉著你向下沉淪，想把你拉進次等區域，因為幾乎每天都有人告訴你：「這個社會的將帥太多，小兵太少。」言下之意是領導他人的機會已經沒了，搶當將帥的人太多了，所以你就乖乖當小兵吧。

可是，這種「將帥太多」的說法完全悖離現實。其實各行各業的領導人物是這麼說的（他們就是這麼告訴我的）：「真正的問題是小兵太多，將帥根本不夠。」

這個小格局又小家子氣的環境也會灌輸我們其他觀念，例如：順其自然吧，你無法掌控命運的，只能任憑老天爺主宰，所以快忘了那些夢想，忘了更豪華舒適的房子，忘了要讓小孩念更好的學校，忘了更美好的人生，認命就對了，躺平等死就好。

不光如此，誰沒聽人說過「成功的代價太高」？好像你非得放棄家庭生活、犧牲健康、拋棄價值觀才能登上人生顛峰。事實上，成功不需要什麼龐大代價；你向前踏出的每一步，都會為自己帶來回報。

大環境也灌輸我們：搶奪頂峰位置的競爭太激烈了。真是如此嗎？有位高階人資主管告訴我，在他經手的職缺當中，年薪一萬美元職位的應徵者是年薪五萬美元應徵者的五十至兩百五十倍；也就是說，次等區段的競爭比頭等區段還要激烈至少五十倍。頭等區段人煙稀少，那裡有數不完的空位，等著像你這樣勇於 Think big 的人就位。

本書提及的基本原則和概念皆取自於眾多出名的思想家，他們堪稱世上最出類拔萃、眼界最高的人物。例如哲學家愛默生，他曾說「偉大的人都明白，這個世界受思想主宰」；另外如文學家密爾頓，他在《失樂園》中寫道：「心靈自成一體，能使天堂變地獄，也能使地獄變天堂」；又比如莎士比亞這樣洞察力卓越的文學巨擘，他認為：「世事並無好壞，端看你如何想。」

但證據何在？我們怎麼曉得這些思想家說的對？這是個好問題。證據來自我們身邊的少數精英，他們藉由贏得成功、獲得成就與快樂，證明了 Think big 確實能扭轉人生。

本書列舉的方法相當簡單，但絕非未經實證的假說，也不是少數人的揣測或主觀意見。這些方法已經過實證，能夠應用在人生的各種情境中，舉世皆通，而且有效。

如果你已經讀到這裡，就代表你想追求更輝煌的成就——你想要滿足自身的渴望，想要更好的生活，期盼這輩子能獲得自己值得擁有的一切美好。想要成功是很棒的特質。

你還有另一個令人欽佩的地方：你拿起了這本書，代表你懂得尋找工具來幫助自己達成想要的目標。無論是汽車、橋樑、飛機，打造任何東西都需要工具；許多人努力打造成功的人生，卻忘了世上有能夠幫助自己的工具，但你沒有忘記。由此可知，你有能將這本書真正轉化為有益於自己的兩種基本特質，也就是對於更成功的渴望，以及懂得挑選工具，知道如何實踐自己的渴望。

發揮 Think big，開創人生新格局。你將迎來幸福快樂的新局面、成就非凡的新局面、收入豐盈的新局面、交遊廣闊的新局面、受人敬重的新局面。

美好願景勾勒得很多了。

就從現在開始，從這一刻開始，請來了解如何透過思考創造奇蹟。首先第一步就是聽從偉大哲學家迪斯雷利的教誨：「人生苦短，屈就自己不值得。」

本書能帶給讀者的收穫

本書的每一章都提供數十個腳踏實地又有用的想法、技巧和原則，讓你善用 Think big 的龐大力量，如願以償獲得成功、幸福與滿足的人生。每個技巧都搭配精彩的真實案例加以佐證；你不僅會明白該怎麼做，更重要的是，你會知道如何將每個準則應用於實際的情況與問題上。以下就是這本書能帶給你的一切——

本書會告訴各位該如何：

- 發揮信念的力量，展開成功之路
- 相信自己能夠成功，就能贏得成功
- 戰勝懷疑、擊退伴隨著的負面能量
- 把信念的格局放大，得到更豐碩的成果
- 訓練心智正向思考
- 培養信念的力量
- 擬定具體的成功計畫
- 施打預防針，防範讓你失敗的藉口症
- 一窺你對健康的態度中藏著什麼祕密
- 採取四大正面步驟，根除健康藉口症
- 了解信念的力量為何比單純的聰明才智更重要
- 把自己的心智拿來思考，而不只是當做堆放知識的倉庫
- 精通三種簡單的竅門，治癒聰明藉口症
- 克服「太年輕」或「太老」的年齡問題
- 戰勝運氣藉口症，吸引好運降臨

- 善用行動技巧治好恐懼、建立自信
- 管理記憶，提升自己信心的儲存量
- 克服對他人的恐懼
- 聽從良心，從而增加自信心
- 自信地採取行動，就能自信地思考
- 了解培養信心、摧毀恐懼的五大正面步驟
- 明白成功取決於自己思考的格局
- 衡量自己真正的格局有多大，找出自己的優勢
- 真實的你格局有多大，思考格局就該多大
- 運用四個具體步驟，培養 Think big 的詞彙庫
- 勾勒未來的願景，提升思考格局
- 為事物、他人和自己增加價值
- 用 Think big 的眼界看待自己的工作
- 不拘泥於芝麻小事，專注於最重要的事
- 自我測試：看看自己的思想格局實際上有多大

- 運用創造性思考，找出更新、更棒的做事方法
- 相信自己辦得到，培養創造性的力量
- 對抗讓心智僵化的傳統思維
- 開啟創造性的力量，讓自己做更多、做更好
- 運用三大關鍵，接收新知、敞開心胸，強化創造力
- 活化思維，刺激心智
- 鍛鍊思考，發展思考的果實，也就是：點子
- 看起來像個重要人物，就能像個重要人物一樣思考
- 認為自己的工作很重要，你就會變得很重要
- 打造專屬的「向自己推銷自己」廣告詞
- 思考升級：像個重要人物一樣思考
- 把周遭環境變得對自己有益
- 避免小人物扯自己後腿
- 管理自己的工作環境
- 享受休閒時光，讓自己的心好好曬個暖陽

- 排除環境中的思考毒素
- 不論做什麼都要做到第一等
- 培養有助實現自己心中渴望的心態
- 激發動力，激發熱情
- 發揮真心抱持熱情的力量
- 培養「你很重要」的態度
- 養成「服務優先」的態度，錢財自然隨之而來
- 對別人抱持正確心態，贏得別人的支持
- 討人喜歡，會讓你更容易高升
- 主動踏出建立友誼的第一步
- 掌握「對別人往好的方面想」的技巧
- 練習把說話機會讓給別人，贏得更多朋友
- 即便失敗或遇到挫折，也要懂得 Think big
- 養成行動的習慣：用不著等萬事俱備也能行動
- 下定決心把點子付諸實行

- 透過行動治癒恐懼、提升信心
- 了解發動心理引擎的祕密
- 善用「馬上就做」的魔法
- 養成勇於發言的習慣，讓自己更有力量
- 練習一種特殊行動：「率先出擊」
- 明白失敗只不過是一種心態
- 從每次挫折中汲取經驗
- 善用有建設性的自我批評
- 結合毅力和實驗精神取得成果
- 在每個境遇中找到光明面，擊敗消沉
- 想清楚自己的人生要去哪個方向
- 計畫十年目標
- 避開五種摧毀成功的武器
- 訂定明確的目標，讓自己活力加倍
- 擬定能幫助自己做出成績、並能更健康的目標

- 透過三十日進步指南達成目標
- 投資自己，獲取未來的利益
- 學習四大領導法則
- 培養設身處地的力量，練習和你希望引導的對象交換立場
- 「有人情味」的作風能為你帶來好處
- 思考進步，相信進步，追求進步
- 自我測驗：你有追求進步的思維嗎？
- 解放超凡的思考力量
- 在人生重大時刻，發揮 Think big 的奇蹟

第一章

相信自己會成功，你就會成功

BELIEVE YOU CAN SUCCEED AND YOU WILL

成功意味著許多美妙的好事。成功意味著你能過上富足的生活：美屋華廈、出國度假、旅行、買新東西、財務上的安全感、讓孩子贏在起跑點；成功意味著得到仰慕、成為領袖、在職場上和社交圈受人景仰；成功意味著自由，擺脫擔憂、恐懼、氣餒和失敗的束縛；成功意味著自我尊重，持續從人生獲得更多真正的幸福與滿足，有能力為仰賴你的人付出更多。

成功意味著勝利。

事業有成、功成名就，正是人生終極目標！

是人都想成功。人人都想在人生中爭取最好的事物，沒人喜歡掙扎度日、一生平庸，沒人喜歡屈居人下，被迫過著比別人矮一截的生活。

聖經故事說，信心足以將大山挪移，這句話蘊含著創造成功的務實智慧。

只要真心相信你能移開大山，你就真的能移開大山。相信自己能移山的人很少，因此真正移山的人也不多。

也許你偶爾聽人說過這類的話：「以為說句『山移開』就能把大山移開，真是胡說八道。這根本就不可能嘛。」

這樣說的人是把信念跟癡心妄想混為一談。的確，光憑空想不可能把大山變不見，不可能讓你坐進主管辦公室，也不可能讓你住進五房三衛的豪宅或晉升高薪階級，不可能讓你空降領導職。

但你可以憑藉信念移開大山。相信會成功，你就會成功。

信念的力量並不是魔法或超能力。

信念的原理是：抱持「我相信我做得到」的態度，信念就會產生將其付諸實行所需的力量、技能和動力。只要相信自己「辦得到」，「如何辦到」自然會成形。

每一天，全國各地都有年輕人展開新工作，每個人都盼望總有一天會飛黃騰達，享受成功。可惜大部分年輕人都缺乏登峰造極所需的信念，也因此未能登上頂峰。他們認定自己不可能爬得那麼高，也因此沒有發現通往頂峰的階梯，言行舉止始終停留在「一般人」的層次。

然而，有一小部分年輕人真心相信自己會成功。他們抱持著「我要登上頂峰」的心態工作，憑藉豐沛的信念，果然飛黃騰達。這些人相信自己會成功，也相信成功並非不可能，於是細究、觀察資深高階主管是怎麼待人處事，學習成功人士如何面對問題、做出決策，並且觀察成功人士的處世態度。

當一個人相信自己辦得到，辦到的方法自然會成形。

我認識一名年輕女子，兩年前她決定要開一家公司，專門銷售可移動式房屋，很多人勸退她，認為她開不成。

當時她的存款不到美金三千元，別人勸告她，她需要投入的最低資金是她存款的好幾倍。

「妳看看，這一行競爭這麼激烈，」他們說。「再說，妳有真的賣過這種房屋嗎？有管理過公司的經驗嗎？」那些給她建議的人這麼問道。

可是這位年輕女子對自己有信心，也相信自己有成功所需的能力。她承認自己的資金不足、這個行業非常競爭，而且她缺乏經驗。

「但是，」她說：「我蒐集到的資訊都顯示，這類房屋產業會成長，而且我研究過競爭對手，我有信心我能賣得比這一區的人都要出色。我免不了會犯一些錯，但我一定能在短時間內成為這行的佼佼者。」

她確實做到了。她沒花多少力氣便獲得資金——她對自己在這行能取得成功深信不疑，這份自信替她爭取到兩位投資人。憑藉著毫不動搖的信念，她甚至化不可能為可能，說服這類房屋建造商同意她不必先支付預付款，就提供一定數量的庫存給她。

過去一年，她的營業額超過一百萬美金。

她說：「我預計明年營業額會超過兩百萬美金。」

強烈的信念會促使心智找出成功的途徑、門路與方法。不僅如此，相信自己會成功，別人也會相信你。

多數人都不怎麼相信「信念」的力量，但相信的人都是社會上的成功人士！我有個朋友在美國中西部某州的公路交通部門任職，幾週之前，他正巧告訴我一個關於「移山」的故事。

「上個月，」朋友說道：「我們部門向幾間工程公司發出通知，說我們獲得許可，準備執行高速公路的建造計畫，因此需要找廠商設計八座橋。造橋成本預計是五百萬美金，獲選的工程公司可以獲得百分之四的經費，也就是二十萬。

「我為了這件案子接洽二十一間工程公司，其中四間最大的公司立刻決定提案。另外十七間都是小公司，每間只有三到七位不等的工程師，其中十六間都被這個案子的規模給嚇退。他們看了這個案子的內容，搖搖頭就回絕了，意思差不多是說：『這個規模對我們來說太大，我也希望我們有辦法承包，但根本連試都不必試。』

「不過，其中一間只有三個工程師的小公司研究完整個案子，說：『這我們可以做。我們會提案。』他們真的提案了，結果接到了這個案子。」

相信自己能夠移山，最終就能移開山。相信自己做不到，就永遠做不到。信念會激發付諸實踐的力量。

其實信念能實現的成就遠比移山更偉大。現代對太空的探索中最重要的條件，甚至可說是唯一的要件，正是「人類能征服太空」的信念；若不是堅定不移深信人類能在太空旅行，科學家就不會有繼續堅持下去的勇氣、興趣與熱情。相信能夠治癒癌症的信念，終將研發出癌症的療方。目前正有人研議要在英吉利海峽建造海底隧道，連接英格蘭與歐洲大陸；這條隧道是否會建成，完全取決於相關人士是否相信隧道能夠建成（編按：這條隧道已於 1994 年落成）。

所有偉大著作、戲劇、科學發現的背後，都有一份對於偉大成果的信念，驅動著人們加以實踐；所有成功企業、公司、組織的背後，都有一份對於成功的信念。抱持成功的信念，是成功人士身上不可或缺、絕不可少的要素。

真心相信會成功，你就會成功。

多年來，我和無數創業失敗、在各領域的職涯遭遇挫折的人談過，聽過各式各樣的失敗理由和推託之詞。和這些失敗的人談到最後，總會出現一個相當值得注意的情況——這些失敗者會故作輕鬆地說出這些話：「坦白說，我原本就不覺得會成功」、「開始做之前我就很懷疑了」，或是「其實，事情不順利我也不意外」。

招致失敗的，正是這種「好吧我試試，但我不覺得會成功」的心態。

「懷疑」是種負面能量。如果內心不相信，或有所懷疑，就會吸引來佐證懷疑的「理由」。懷疑、不肯置信、潛意識裡想要失敗、不是真心想要成功，是大多數時候導致失敗的罪魁禍首。

心中所想的只有猜疑，注定失敗。

心中所想的只有勝利，終將成功。

最近有位年輕小說家和我聊起自己的創作計畫，她提起該領域的一位頂尖作家。她說：「X先生是很棒的小說家，我當然沒辦法像他那麼成功。」

她的態度讓我很失望，因為我認識她提到的那位作家。他既不是絕頂聰明，觀察力也不算超凡，各方面都稱不上卓越，唯一例外之處是超乎常人的自信。他相信自己是一流的，也因此交出一流作品，表現一流。

敬重領袖人物不是壞事，你可以從對方身上學習，觀察對方、研究對方，但千萬不要崇拜對方。要相信你能勝過對方，超越對方。抱著二流心態的人只會做出二流成績，無一例外。

不妨從這個角度想想：信念就像個調節器，控制我們在生活中達成怎樣的成就。看看以下這個庸庸碌碌度日的人物：他認為自己值得的不多，於是他獲得的也很少；他認為自己沒辦法成就大事，於是他沒有幹出一番大事；他認為自己不重要，於是他所做的一切都讓人覺得無關緊要。時光流逝，他的談吐舉止、行走姿態在在顯露他對自己缺乏信念。假如不把調節器調高，他對自己的期許勢必越來越低，越來越小。不光如此，他對自身的觀感也會反映在別人對他的看法上，因此周遭親友對他的期待也會越來越低。

接下來，看看另一個正在向上爬的人。這人相信自己值得很多，於是他獲得很多；他相信自己能搞定困難的重大任務，於是他真的完成了；他所做的一切、和別人打交道的方式、人品、想法、觀點，在在傳達了：「這人是專業的，他是個大人物。」

人是自身想法的產物。請把信念的格局做大，把調節器調高，真心誠意相信自己會成功，並懷抱這樣的信念行動，大膽相信，飛躍成長。

幾年前，我在底特律對一群商務人士演講，結束後有位先生走向我，自我介紹完之後說：「我很喜歡你的演講，能不能跟你聊幾分鐘？我很想跟你討論我的一個親身經驗。」

幾分鐘後，我們已經在咖啡廳舒適地坐下來，等著喝點東西。

他開口道：「我有個經驗完全呼應了你今晚演講的內容，也就是如何善用心智讓自己成功，而不是讓心智反過來阻礙自己。我從來沒告訴別人我是怎麼脫離平庸的世界，但我想把這個過程告訴你。」

「我很樂意一聽。」我說。

「五年前我還過著渾渾噩噩的生活，只是個在模具產業工作的普通人。就平均標準而言，我的收入還算可以，但遠遠稱不上理想，我們家房子實在太小，許多想要的東西都沒錢買。幸虧我老婆不怎麼抱怨，但我看得出來她並不快樂，只不過是認命而已。我內心越來越糾結，在我看清自己多麼對不起親愛的老婆和兩個小孩時，我真的十分心痛。

「但現在的情況已經大不相同，」這人接著說道：「如今我們有一塊兩畝大的地，上面蓋了棟漂亮的房子，從這裡再往北幾百哩還有一棟四季都能居住的度假木屋。我們再也不擔心能不能送小孩讀好大學，我太太花錢買新衣服再也不必有罪惡感。明年夏天，我們全家要飛去歐洲度假一整個月。現在我們很享受人生。」

「改變是怎麼發生的？」我問。

「套用你今晚的說法，」他繼續說：「改變的契機是我『善用了信念的力量』。五年前我得知底特律有間模具公司有職缺，當時我們住在克里夫蘭，我決定去談談看這份工作，希望多賺一點錢。雖然星期一才要面試，但我提早在星期天晚上抵達。

「吃過晚餐，我坐在旅館房間裡，不知為何突然對自己反感至極。我自問：『為什麼我甘於只當個中產階級的輸家？為什麼我甘於爭取這個只好一點點的工作？』

「我至今都想不透當時自己為什麼會那麼做，但我拿起一張旅館的紙，寫下五個名字，他們都是我認識好幾年的人，無論收入或職位都遠在我之上。其中兩個人是以前的鄰居，後來搬去高級住宅區；另外兩位曾是我的主管，剩下那個人則是我的小舅。

「接下來，我同樣不曉得自己怎麼會這麼做，但我自問：除了更好的工作之外，這五個朋友具備什麼我缺乏的條件？我比較了自己跟他們的智力，可是坦白說，我不認為他們的頭腦有特別聰明。我也不覺得他們在教育、品格或個人習慣上真有哪裡贏過我。

「我最後想到的是大家常聽說的成功特質：主動出擊。我不想這麼說，但我非承認不可：在這方面，我遠遠比不上這幾位成功的朋友。

「這時已經是凌晨三點，但我的思緒出奇地清晰。我頭一次看見自己的弱點。我發覺我一直克制著自己，從來不敢發揮全力。我更加深入剖析自我，結果發現我不敢主動出擊的原因是：在內心深處，我認定自己沒什麼價值。

「這一整夜，我就這麼坐著回顧自己的人生，打從有記憶起，我就對自己缺乏信心，我的心智成了自己的阻礙。我發現我用盡各種理由說服自己不能成功，而不是說服自己可以。我小看了自身的價值。我醒悟到我不管做什麼都抱著這種自我貶低的心態，然後我恍然明白：除非我相信自己，否則不會有人相信我。

「就在那一刻，我下定決心：『我受夠屈居二流了，從現在開始，我再也不要貶低自己的價值。』

「隔天早上我這份信心還在，於是我藉著面試來測試這份全新的自信。去參加面試之前，我原本希望自己敢開比現職多七百五十美元的薪水，最多高個一千美元就行，但現在我明白自己是個有價值的人，於是多開了三千五美元。結果我拿到了那份工作。我能成功推銷自己，全是因為我在自我剖析一整晚之後，明白了自身擁有極具價值的特質。

「拿到那份工作以後不到兩年，我在別人眼中已經成了『一定談得成生意的人』。

後來經濟變蕭條，我的價值反而更高，因為我在這行是數一數二會談生意的人。公司雖然歷經重整，但我不僅獲得可觀的股份，薪資也大幅調漲。」

相信自己，好事就會發生。

「勝利先生」與「認輸先生」

心智是個「想法工廠」。這個工廠十分繁忙，在一天之中會產出數不清的念頭。

這座想法工廠的生產業務由兩個領班負責，一位叫「勝利先生」，另一位叫「認輸先生」。勝利先生負責製造正面想法，專門告訴你為何能辦得到、為何可以勝任、為何該放手去做。

另一個領班「認輸先生」，則生產負面、自暴自棄的念頭，專門給你理由說你為何辦不到、為何你很弱、為何你能力不足，他最擅長製造一連串「你為什麼會失敗」的思維。

勝利先生和認輸先生都非常聽話，總是立刻聽命，你只要在心中輕輕打聲招呼，其中一個領班就會注意到。如果你下了正面指令，勝利先生就會挺身而出，展開工作；同樣的，如果給了負面指令，就換認輸先生出面。

在此提供一個例子，說明兩位領班是怎麼提供服務的。要是你告訴自己：「真是不怎麼樣的一天。」這個訊號就會讓認輸先生展開行動，產出幾個事例來證明你沒錯。他會告訴你，今天太熱或太冷，生意會不好，業績會掉，其他人會焦躁不安，你說不定會感冒，你老婆會挑三揀四。認輸先生效率奇佳，要不了幾分鐘就能讓你確信今天很糟，在你回過神來之前，就已經認定今天真的爛透了。

但要是你告訴自己：「今天很不錯。」就換勝利先生收到訊號，出面告訴你：「今天棒極了，天氣很舒服，活著真好。今天可以趕上工作進度。」於是今天成了美妙的一天。

同理，認輸先生會告訴你為什麼沒辦法說服客戶買單，勝利先生卻會告訴你為什麼可以；認輸先生讓你相信會失敗，勝利先生會說明你為何能成功；認輸先生會提出充分的理由讓你不喜歡某人，勝利先生則會提出更多理由讓你喜歡這人。

要注意的是，你交辦越多工作給其中一個領班，那位領班就會越來越強大。假如交給認輸先生處理的工作量越多，他會擴編人力，在你心中占據更多空間，最終主宰你整個想法製造部門，如此一來幾乎你每個念頭都是負面的。

把認輸先生給解聘是唯一明智的抉擇。你不需要他，你不會希望他在你身邊一直說你不行、你沒準備好、你會失敗……諸如此類的話。認輸先生無法幫助你達成目標，就讓他收拾東西走人吧。

你應該時時刻刻重用勝利先生，無論腦中浮現什麼念頭，都把工作交派給勝利先生，他會讓你明白該如何成功。

從現在此刻到明天的同一個時間，大約會有一萬一千五百名新的消費者在美國誕生（編按：此為作者當年數據，近期美國的出生人口也約每天一萬人）。

新產業，科學上新突破，市場擴張——這一切通通代表著機會！

所有跡象都表明各行各業將需要遠超過以往人數的頂尖人才，也就是善於引領他人、指揮工作、領導有方的卓越人才。未來將填補這些領導職位的人，都是現在已經成年或即將成年的人，其中一個正是你。

當然，經濟蓬勃不代表你必定會成功。長期而言，美國一向蓬勃發展，不過稍加觀察就會發現，數以百萬計的人（或者應該說是大多數人）在職場浮浮沉沉，一直都未能取得成功。儘管過去以來機會一直很多，但大多數人依舊在平庸之中苦苦生存。在眼前的這個時代，大部分的人多半會繼續擔憂、繼續恐懼，過一天是一天，自覺無足輕重、不受賞識，沒辦法實現心中的夢想，因此他們的表現也只能贏得微不足道的回報，以及微不足道的快樂。

能夠將機會轉化為回報的人（我必須說，我真心相信其中一個人會是你，否則你只會把一切賭在運氣上，根本懶得拿起這本書），是學會如何善用 Think big 的明智之人。走進去吧，成功之門比以往更敞開，快大聲宣告，你要美夢成真。

以下是通往成功的第一步。這是最基本的一步，不可省略。這第一步就是：相信自己，相信你能成功。

如何培養信念的力量

以下三個方式能幫助你獲得信念的力量，並且加以強化：

1. 思考成功，不要思考失敗。

無論在職場、在家中，都用贏家思維取代輸家思維。面臨難關時，想著「我會贏」，而不是「我八成會輸」；與人競爭時，想著「我是一流人才」，而不是「我比不上人家」；機會到來時，想著「我辦得到」，絕不要想「我做不到」。讓「我會成功」這個念頭主宰自己的思維，主導整個思考過程。專注想著成功，會促使心智創造出迎向成功的計畫；想著失敗的效果則會恰恰相反，輸家思維會產生制約，導致頭腦裡只想著招來失敗的念頭。

2. 每隔一段時間便提醒自己，你比自己以為的更優秀。

成功人士不是超人，想成功不需要非凡的才智；成功也沒有任何玄奧之處，用不著靠運氣。成功人士同樣只是普通人，差別在於他們相信自己和自己所做的一切。絕對、絕對不要低估自己的價值。

3. 把信念的格局放大。

你有多成功，取決於你信念的格局有多大。設定的目標很小，成就自然小；設定的目標夠大，成功便將非比尋常。也要謹記：格局夠大的想法和計畫，往往比眼界小的想法和計畫更易於實踐——至少不會更困難。

通用電氣公司董事長拉爾夫・J・柯迪納先生曾在一場領導力訓練營中說：「希望每個有志於領導的人願意為了自己和公司，下定決心展開自我成長的道路。沒人能命令一個人成長……一個人在專業能力上是落後抑或領先，端看他自身投入多少心力。這需要時間、努力和犧牲，沒人能代替你。」

柯迪納先生的建議既合理又務實。請把這項建議加以落實，無論是企業管理、銷售、工程、創作、表演或其他領域，一流的人之所以成為一流，就是因為他們盡心盡力、持續不懈地貫徹個人的發展與成長計畫。

每個發展訓練計畫（本書亦是其中之一）都必須做到三件事。首先，這個計畫必須有內容，也就是必須說明「要做什麼」。其次，這個計畫必須提供方法，也就是說明「該怎麼做」。第三，這個計畫必須通過考驗，也就是「取得成效」。

在這個專屬於你的成功訓練計畫中，內容是源自於成功人物的態度和技巧：他們如何自我管理？如何克服障礙？如何獲得別人的敬重？他們與一般人的差別何在？他們是怎麼思考的？

實行這份成長發展計畫的方法則是一系列具體的行動指南，本書每個章節都有包含。這些指南確實有效，實際應用看看就知道了。

那麼，發展訓練計畫最重要的「成效」呢？用一句話來說，勤奮不懈運用本書擬定的計畫能引領你邁向超乎想像的成就。這個專屬的成功訓練計畫將細分為不同項目，帶給你許多回報，包括：家人更敬重你、親友同事更景仰你、覺得自己有用、是有頭有臉的人物、有身分地位、收入更高、生活水準提升。

你的訓練由你自己主導。不會有人站在你背後，指使你該做什麼、該怎麼做。本書會為你提供指引，但只有你了解你自己，只有你能督促自己實踐這套訓練，只有你能衡量自己的進展，只有你能在稍顯鬆懈時自我糾正。簡而言之，你必須訓練自己達到越來越不同凡響的成就。

你已經有個設備完善的實驗室可供嘗試和研究了，這個實驗室就在你身邊，由各式各樣的人組成。這間實驗室為你提供各種各樣的人類行為案例，只要你把自己當成這間實驗室的科學家，就會學到無窮無盡的知識。最棒的是你什麼都不用買，不必付租金，不必支付任何費用——你可以盡情使用實驗室，一切免費。

身為實驗室主持人，你最好做每位科學家都會做的事：觀察與實驗。

大多數人儘管一輩子生活在人群中，卻對人類行為背後的理由所知甚少，你不覺得這點很奇怪嗎？大部分的人都沒受過觀察的訓練。本書的宗旨之一正是訓練你學會觀察，來深入瞭解人類的行為。你得自問：「為什麼約翰這麼成功，湯姆卻過得勉勉強強？」「為什麼有些人的人緣奇佳，有些人卻沒幾個朋友？」「為什麼有些人說的話讓人一下子聽進去，有些人說了同樣的話，卻被置之不理？」

受過訓練之後，你就能透過極其簡單的觀察過程汲取寶貴的經驗。

為了幫助你成為得心應手的觀察家，在此給你兩個獨門的建議。從你認識的人當中挑選最成功和最不成功的人各一位，做為特別研究對象。接著，隨著你往下閱讀，你可以觀察自己這位成功的朋友是多麼嚴謹奉行那些成功法則；研究這兩個南轅北轍的人也會讓你看清，遵循本書所說的原則正是無庸置疑的明智之舉。

每次與人交流，都是觀察成功法則如何運作的機會。你的目標是將成功的行為培養成習慣，越勤於練習，就越能自然而然採取理想的行為舉止。

例如，若是我們有喜歡園藝的朋友，他們大都會說這樣的話：「觀察植物成長真讓人開心，看看植物吸收肥料跟水之後長得多好，今天又比上星期更茁壯了。」

的確，只要細心謹慎地與大自然合作，就能有令人興奮不已的收穫成果；不過，那遠遠比不上縝密擬定的思考管理計畫能帶來的益處，甚至連十分之一也不及。見證自己一天比一天、一年比一年成長得越發自信、做事越發有成效、越發成功，箇中樂趣難以言喻。在人生中，除了明白你正走在通往功成名就的道路上之外，絕對沒有其他事物能帶給你更大的滿足；除了徹底發揮自己的潛力之外，沒有什麼能帶給你更大的挑戰。

第二章
擺脫讓人失敗的病：藉口症
CURE YOURSELF OF EXCUSITIS, THE FAILURE DISEASE

在 Think big 的過程中，你最該研究的就是——人。你應該嚴謹縝密地研究人，發掘能為你帶來成功的原則，然後應用在自己的人生中，而且越早開始研究越好。

深入研究人的話，你會發現沒有成功的人都罹患一種令頭腦麻木的思考病，我們稱之為「藉口症」。每一次失敗都代表藉口症已經病入膏肓，大部分的「普通」人都至少患有輕度藉口症。

你會發現，藉口症能解釋為什麼有的人可以闖出一片天，有的人卻幾乎連生活都無以為繼。你會發現，越成功的人越不會找藉口。

然而，那些原地踏步、不思進取的人，總是找得到一籮筐的理由；成就平庸的人，總是急於解釋自己為何還沒做、為何不做、為何做不到、為何不適合做。

只要探究成功人士的生平，就會發現一件事：平庸之輩找的每個藉口也都適用於成功的人，可是成功的人並沒有這樣推卸責任。

就我所知，無論在哪個領域，每個成就斐然的企業高階主管、軍官、業務、專業人士或領導人，都能找到起碼一個重大藉口當擋箭牌。羅斯福可以拿他癱瘓的雙腿推諉塞責；杜魯門大可以說他沒念過大學；甘迺迪可以自稱「太年輕沒辦法當總統」；詹森跟艾森豪可以推託說自己有心臟病。

如同任何疾病，藉口症萬一缺乏適當治療，病情也會惡化。這種思考病患者的思路是這樣的：「我的表現不如預期，有什麼說詞能替我保住顏面？我看看：身體不好？沒受很好的教育？年紀太大？年紀太輕？時運不濟？遭逢變故？夫妻不和？父母教養的方式有問題？」

一旦罹患這種失敗病的病人找到一個「好」藉口，就會緊抓著不放手，用這個藉口對自己和別人解釋自己為何始終停滯不前。

患者每一次把藉口搬出來，那個藉口就會在他潛意識中留下更深的烙印。不論是正面或負面的念頭，只要不斷重複，就會越來越受到強化。起初，藉口症患者心知肚明自己的推託之詞多多少少是騙人的，但他越常重複這個藉口，便越發堅信那是無庸置疑的真相，越發認定這個理由就是自己沒那麼成功的真正原因。

所以，在你專屬的 Think big 計畫中，第一步就是施打藉口症的預防針，以免感染這個會讓人失敗的病。

最常見的四種藉口症

藉口症有各種多樣的表現形式，但最糟糕的幾種分別是：健康藉口症、聰明藉口症、年紀藉口症和運氣藉口症。讓我們來看看如何避免自己感染這四種常見疾病。

一、健康藉口症（「可是我身體不好」）

從經常出現的「我覺得不太舒服」，到更具體明確的「我有什麼跟什麼毛病」，全都屬於健康藉口症的範疇。

「身體不好」有千奇百怪的表現形式，常有人用這個理由解釋為什麼自己沒做到某件想做的事、沒辦法承擔更多責任、沒辦法賺更多錢、沒辦法成功。

上百萬人受健康藉口症所苦。然而在大部分情況中，那真的是合理的藉口嗎？停下來想一想你認識多少成就超群的人，他們儘管可以拿健康當託辭，卻沒有這麼做。

一些當醫生或外科醫師的朋友告訴我，絕對健康的成年人生活並不存在，每個人身上都會有些小毛病。許多人或多或少臣服於健康藉口症，但具備贏家思維的人並不會。

有天下午我接連遇到兩個例子，恰好闡釋了面對健康的正確心態與不正確心態。當時我剛在克里夫蘭結束演講，有個年約三十歲的人說想私下跟我聊幾分鐘。他稱讚了我的演講，但接著說：「你說的概念對我恐怕沒什麼用。」

「你瞧，」他繼續說道：「我心臟不好，所以得克制自己。」然後他說他已經看了四個醫生，但醫生都找不出問題所在。他問我有什麼建議。

「這個嘛，」我說：「我不是心臟專家，不過我能以普通人的身分告訴你，如果是我的話，會做以下三件事。首先，我會去看我所能找到最厲害的心臟權威，把醫生的診斷視為最終結果。你已經看了四個醫生，沒人發現你的心臟有什麼問題，就把第五位醫生當成最後一次吧。說不定你的心臟好得不得了，但要是你一直擔心下去，心臟遲早會出非常嚴重的問題。不停尋找病症的跡象，往往真的會讓人生病。

「我的第二個建議，是去讀辛德勒醫生寫的一本好書《病由心生：365天的健康生活方式》。辛德勒醫生在這本書指出，有四分之三的住院病人罹患的疾病都是因情緒而生。想想看，正在受病痛所苦的人當中，有四分之三的人只要學會調適情緒就能痊癒。

請去讀辛德勒醫生的書，為自己擬定情緒管理計畫。

「第三，下定決心要活到生命的最後。」接著我對這位煩惱的人解釋，我有位律師朋友患有肺結核但病情穩定，多年前他給了我一些很好的建議。這位朋友很清楚自己必須過著律己甚嚴的生活，但他沒有因此放棄從事法律工作、建立美好的家庭，全心投入享受人生。這位朋友今年已經七十八歲，他這麼闡述自己的人生哲學：「我要好好活到生命的最後，活著跟死亡不能混為一談。只要我還活在這個世上，我就要享受人生。幹嘛過著要死不活的日子？浪費在煩惱死亡的一分鐘，就跟死了一分鐘沒兩樣。」

我得趕一班飛往底特律的班機，所以說到這裡就得走了。在飛機上，我遇到另一件讓人愉快多了的事。飛機起飛的噪音停止後，我聽到一陣滴答作響的機械聲，嚇了一跳，不禁望向坐在我身邊的人，因為那個聲響似乎是從他身上傳出來的。

他對我露出燦爛的笑容，說：「喔，不是炸彈啦，是我的心臟。」

我顯然面露詫異，於是他向我解釋是怎麼回事。

原來二十一天前他動了手術，在心臟置入一個塑膠瓣膜。他說那陣機械聲會持續好幾個月，直到新的組織長出來覆蓋人工瓣膜。我問他之後打算做什麼。

「哦，」他說：「我想做的大事可多了。等回到明尼蘇達後，我要攻讀法律，未來希望能進政府工作。醫生說我需要休養幾個月，不過之後我就會活蹦亂跳的了。」

這就是面對健康的兩種態度。第一個人甚至連自己的身體有沒有問題都不確定，卻焦慮不已、憂心如焚，踏上認輸的道路，希望別人贊同自己的看法，叫他不要再努力了。第二個人在動了極為困難的手術之後，依然保持樂觀、積極進取。兩人的差別就在於他們面對健康的思考方式。

我自己就有面對健康藉口症的第一手經驗。我患有糖尿病，在發現罹病之初（那已經是差不多五千支皮下注射針以前的事了），我便收到警告：「糖尿病是種生理疾病，但抱持負面心態才會造成最大的傷害。要是你焦慮煩惱，可能反而會出大問題。」

自從確診以來，我理所當然認識了不少糖尿病患者，我可以告訴你，患者之中有兩種極端。我認識一個人病情輕微，卻屬於要死不活的那一類：他一天到晚怕天氣太冷，他身上的衣服通常多得不可思議；他怕被感染，只要有人打個小噴嚏就敬而遠之；他怕過度勞累，所以幾乎什麼也不做；他把大部分精神耗費在擔心可能會發生的狀況；他成天跟人說自己的病「有多難熬」，講得別人都厭煩了。他真正的病不是糖尿病，而是健康藉口症，是他的自怨自艾讓他成了廢人。

另一位極端是某個大型出版社的部門經理。他的病情頗為嚴重，需要施打的胰島素差不多是上述那個人的三十倍。但他不想過著病人的日子，他活著是為了享受工作、盡情玩樂。有天他告訴我：「這個病確實不太方便，但刮鬍子也是啊。我可不想為這件事操心到病倒。每次打針，我都很感謝那些發現胰島素的人。」

我的好友約翰是一位著名的大學教師，一九四五年從戰爭歸來後少了一隻手臂。儘管身有殘缺，他卻總是面帶笑容，總是樂意幫助別人，是我認識的人當中最樂觀的。有一天他和我針對殘疾這件事長談了一番。

「不過是少了隻手臂。」他說：「兩隻手的確比一隻手好，但人家只截掉我一隻手，我的精神百分之百完好無缺，對此我非常感恩。」

我有另外一位朋友也是手臂截肢，但他高爾夫球打得非常好，某天我問他怎麼光憑一隻手練出近乎無懈可擊的球路。我說，大部分打高爾夫球的人即便雙手俱全，也沒辦法打得那麼好，他的回答頗富深意。「嗯，根據我的經驗，」他說：「一隻手加上對的心態，遠勝兩隻手加上錯的心態。」好好咀嚼這句話：一隻手加上對的心態，遠勝兩隻手加上錯的心態。這句話不僅適用於打高爾夫球，也適用於人生的各個層面。

克服健康藉口症的四個法門

要對抗健康藉口症，最好的預防針有以下四種：

1. 不要談論健康。

就算只是普通感冒，但你越常把這些病症掛在嘴上，病情就彷彿越糟。討論自己的身體不好，就跟在雜草上施肥沒兩樣。況且討論健康不是什麼好習慣，這會讓旁人覺得厭煩，也讓你看起來自我中心又婆婆媽媽。抱持贏家心態，意味著克服想談論身體多差的天性。當個一天到晚抱怨的人或許（我必須強調只是「或許」）能為你贏得一點同情，但不會讓你贏得尊敬和忠誠。

2. 不要為健康擔心。

華特‧阿瓦雷茲醫生在世界知名的梅約診所擔任名譽顧問，最近他有篇文章寫道：「我一向勸慣於憂慮的人要自制一些。舉例來說，有個人堅信自己的膽囊出了問題，但他照了八次X光，結果都顯示膽囊正常無恙，我便勸他別再照X光檢查膽囊了。我也已經勸上百個擔憂心臟出問題的人別再做心電圖。」

3. 真心為自己現在的身體健康心懷感恩。

有句俗諺值得一提再提：「我覺得自己很可憐，因為我只有破鞋子穿；直到我遇見一個沒有腳的人。」與其抱怨身體不舒服，不如慶幸自己現在的健康狀況已經夠好了。光是對健康感恩就是一劑強大的疫苗，足以避免你身上又是哪裡疼、哪裡痛，或者真的生病。

4. 經常提醒自己：「寧可磨損，不願鏽壞。」好好享受人生，不要浪費。不要因為杞人憂天而搞到老跑醫院，結果錯失精彩人生。

二、聰明藉口症（「可是只有聰明人才能成功」）

聰明藉口症（也可以說是「我沒那個頭腦」）相當常見，應該說太常見了，我們身邊差不多百分之九十五的人都有，只是程度不等。跟其他幾種藉口症不同的是，患有聰明藉口症的人會暗自煎熬，畢竟沒幾個人願意坦白說自己不夠聰明，但這些人卻會在心中為此深感頹喪。

對於智力，大部分的人常犯兩種基本錯誤：

1. 低估自身的才智。
2. 高估旁人的才智。

由於這兩種錯誤，許多人會貶低自己的價值，不願意面對挑戰，因為覺得「聰明人才做得到」。等到之後來了個不擔心自己沒別人聰明的傢伙，工作就被這人拿到手了。

真正重要的不是你智商多高，而是你如何運用自身原有的才智。**你的思維決定你如何運用智商，這比你的腦力強弱重要多了。**我要再重複一遍，因為這點至關重要：你的思維決定你如何運用智商，這比你的腦力強弱重要多了。

曾有人問美國首屈一指的物理學家愛德華・泰勒博士說：「你覺得你的小孩應該當科學家嗎？」泰勒博士如此回答：「當科學家需要的不是快如閃電的思考速度、不是有非比尋常的記憶力，也不是在高中拿到一等一的成績，唯一重要的只有這孩子是否對科學抱持強烈的興趣。」

就連在科學領域，興趣跟熱情都是關鍵因素！

相較於智商高達一百四十、態度卻負面消極、又不願合作的人，智商一百、但積極、樂觀、樂於合作的人會賺更多，贏得更多尊敬，獲得更多成功。

無論在做的是家事、工作，還是計畫案，只要懂得堅持把一件事做到完成為止，你都會得到比空有智商更好的回報，就算有像天才等級的智商也一樣。

一個人的能力若是出眾，有百分之九十五是「持之以恆的能力」。

有一年返校日，我遇到一位十年不見的大學朋友查克。學生時代的查克表現優異，取得榮譽學位畢業，上一次見到他時，他說自己的目標是在內布拉斯加創業。

我問查克他後來創了什麼業。

「這個嘛，」他坦承：「我沒有創業。換作五年前或甚至一年前，我絕對不會跟任何人說這句話，但我現在準備好能談這件事了。

「回顧我的大學時期，我才明白我成了瞭解『創業為何失敗』的專家。我學到會導致小企業失敗的各種隱患、各種原因，例如：『資金要充足』、『確保景氣正處於好的循環』、『市場對你產品的需求高嗎？』『國內產業夠穩定嗎？』該做的準備簡直數不清。

「讓我最受衝擊的是，我有幾個高中老同學原本看起來沒那個膽識，甚至連大學都沒念，結果如今各自的事業都發展得很好，我卻還在苦苦掙扎，做著稽查貨物的工作。要是我多下點工夫研究小公司能夠成功的理由，我現在的生活會好多了。」

決定查克如何運用智商的思維，比查克的智商高低重要多了。

為什麼有些聰明人會淪落為輸家？我有位多年的好友稱得上是天才，抽象智力極高，還獲邀加入斐陶斐榮譽學會。儘管他天生智力超群，卻是我所知最一事無成的人：工作平庸（因為害怕承擔責任），終身未婚（太多人的婚姻以離婚告終），朋友很少（別人令他厭煩），從未投資（怕可能會損失錢財）。這個人用自己的聰明才智證明為什麼會失敗，卻沒有發揮心智的力量尋找成功的方法。

由於負面思考主導了這個人豐沛的腦力，他沒做出多少貢獻，也沒做多少事情。假如他改變心態，想必能成就大事。他具備能讓他大獲成功的智力，卻缺乏思維的力量。

我認識另一個人，他在紐約的頂尖大學取得博士學位後旋即入伍。這三年他在軍中是怎麼度過的？他沒當上軍官，沒當上預備人員，而是開了三年的卡車。為什麼？因為他用負面思考看待同袍（「我比他們優秀」）、看待軍中的文化與流程（「蠢死了」）、看待紀律（「別人才需要被管，我不需要」）、看待一切，也如此看待自己（「我真是白痴，竟然想不出不用被抓進來關的辦法」）。

這個人未能贏得任何人的尊敬，他豐富的知識毫無用武之地。負面態度讓他淪為無名小卒。

記住，決定你如何使用智力的思維遠比智商高低更重要，就連博士也沒辦法改寫這條成功基本法則！

幾年前，我和菲爾成為好友，他是一家大型廣告公司的資深職員。後來菲爾在這間公司當到市調總監，工作表現相當亮眼。

菲爾是不是智力超群？絕對不是。菲爾對調查技巧、統計學幾乎一無所知，沒有大學學歷（不過他的下屬個個都有），也不會裝作很了解調查的技術。菲爾的下屬沒有一個年收入超過一萬美元，那菲爾究竟憑什麼年收入三萬？

就憑這一點：菲爾是很有人情味的主管。他總是很正面，能在士氣低落時鼓舞別人，充滿熱情，也能引發同仁的熱忱。他了解人，而且正因為他能體察人心，他也喜歡人。

對公司而言，菲爾的價值比智商高的人多了好幾倍，原因不在於他的腦袋，而在他如何運用腦袋。

一百個念大學的人當中，能畢業的不到五十個。我對這個現象很好奇，於是問了一所知名大學的註冊組長，想知道他怎麼解釋。

「問題不在於頭腦不夠聰明，」他說：「如果學生的能力不足，我們一開始就不會收。問題也不是錢，在這個時代，只要有心讀大學都有辦法賺到學費。真正的原因是態度。」他說：「很多年輕人離開學校是因為不喜歡教授、不喜歡必修科目、不喜歡同學，不喜歡的原因多得讓你驚訝。」

很多年輕的基層主管無法升上最高層管理職，也是基於同樣的原因：負面思考。上千名年輕主管之所以發揮不了全力，不是因為欠缺才智，而是因為心裡不平衡、負面、消極、自暴自棄的心態。一位主管告訴我：「我們不任用某個年輕人多半不是因為他不夠聰明，幾乎都是因為心態的問題。」

曾有保險公司請我研究調查，為什麼有七成五的保險是由排名前百分之二十五的業務員售出，而排名最後面百分之二十五的業務員只售出總額的百分之五。

我仔細審視上千份員工檔案後發現，毫無疑問的，保險業務員之間在天生智力上並沒有顯著分別，不僅如此，教育程度的差異也無法解釋銷售成績的落差。最終，大獲成功和成效低落的人之間只剩一項差別，就是心態——換句話說，是他們管理自己思維的方式。頂尖業務員較少憂慮擔心、更具熱忱，而且真心喜歡與人相處。

我們無法大幅改變自己天生的條件，但絕對能改變運用自身特質的方式。

知識就是力量，前提是要運用得當。另一個和聰明藉口症密切相關的因素，就是對於知識抱持錯誤觀念。我們常聽人說知識就是力量，但這句話只對了一半。知識只是潛在的力量；唯有在妥善運用知識的情況下，知識才會發揮力量。

有個故事是這樣的：有人問偉大的科學家愛因斯坦，一英里等於幾英尺？愛因斯坦回答：「不知道。這種小事我花兩分鐘隨便查就能查到，幹嘛要讓它占據我的腦容量？」愛因斯坦教了我們寶貴的一課：他認為，與其把頭腦當成堆放知識的倉庫，運用頭腦思考更重要。

亨利・福特曾和《芝加哥論壇報》打誹謗官司，這家報紙說福特愚昧無知，福特的回應差不多是：「證明看看啊。」

《芝加哥論壇報》問了他一大堆簡單的問題，比如：「班乃迪克・阿諾是誰？」「獨立戰爭是什麼時候打的？」等等，但沒受多少正規教育的福特大部分都答不出來。最後他頗為厭煩地說：「我不曉得這些問題的答案，但我五分鐘就能找到人回答這些問題。」

亨利・福特對龐雜瑣碎的資訊沒有興趣，他深諳每個大主管都明白的道理：與其把頭腦當成堆放知識的倉庫，了解如何取得資訊更重要。

熟記雜學知識的人價值為何？最近我跟朋友度過了很有趣的一晚，他是某製造公司的總裁，公司雖然成立不久，但業績急速成長。電視正好轉到一齣大受歡迎的問答節目，畫面上正在回答問題的人已經連續上節目好幾週，不管什麼領域的問題都有辦法回答，即便許多問題聽來根本不知所云。

那人回答了一個特別奇怪的問題，是關於阿根廷的某座山。聽完，招待我的朋友看向我，說：「如果他來我公司工作，你覺得我願意付多少錢給他？」

「多少？」我問。

「頂多三百美元，一毛都不多給——不是週薪，也不是月薪，而是一輩子的薪水。我已經把他看透了，這個所謂的『專家』根本不會思考，只知道死記。他充其量只是個人體百科全書，我想三百美元已經能讓我買套很不錯的百科全書了。說起來，我出這樣的錢搞不好還太高，那傢伙知道的事情有九成都能查得到。」

他接著說：「我希望在我身邊的人都懂得解決問題，懂得激盪新點子，懂得有夢想並加以實踐。會思考的人能跟我一起賺錢，只知道小知識的人沒辦法。」

治療聰明藉口症的三種方法

要治癒聰明藉口症，有以下三個簡單的方法：

1. 絕不要低估自己的智力，也絕不要高估旁人的智力。

不要貶低自身的價值；專注於自己擁有的特質，發掘自己優於他人的天賦。記住，要緊的不是你的頭腦多厲害，而是如何運用頭腦。善用你的腦袋，不要擔心自己智商不夠高。

2. 每天提醒自己好幾次：「我的心態比智力更重要。」在職場和家裡練習正面心態，找出自己能辦得到的理由，而不是做不到的理由。培養「我是贏家」的態度，以有創造性的正面方式善用自己的智力。發揮聰明才智找出成功的方法，而不是證明自己會失敗。

3. 記住，思考的能力遠比死記知識更有價值。善用自己的頭腦來創造和發展點子，找出更新、更好的做事方式。問自己：「我是在運用頭腦創造歷史，或純粹只是去記別人創造的歷史？」

三、年齡藉口症（「沒用的，我太老／或太年輕了」）

年齡藉口症患者總覺得不管什麼年紀都不對，這種招致失敗的病有兩種形式，相當易於辨識：一種是「我太老」，另一種是「我太年輕」。

各個年齡層的人都會用底下這些藉口推託自己為何過著平庸的人生，想必各位也聽過幾百次了：「我太老（或太年輕）了，現在不適合轉換跑道。雖然我想做，也有能力做，但我不能，因為年紀不對。」

其實很少人覺得自己的年齡「正適合做什麼」，人數少到讓人驚訝，實在可惜。這個藉口讓成千上萬的人關上了通往絕佳機會的大門，他們覺得自己的年紀不適合，結果甚至連試都懶得試。

最常見的一種年齡藉口症是「我太老了」。這種病症乃是透過隱性的管道散播：影視戲劇中上演著高階主管由於公司遭併購而失業，從此找不到工作，因為年紀太大了。這位主管花了好幾個月尋覓新工作卻遲遲找不到，一度考慮自殺，後來他決定說服自己，派不上用場也沒什麼不好。

以「為什麼你四十歲就會被淘汰」為主題的文章廣受歡迎，原因不在於這些文章反映現實，而是它們讓許多尋找藉口、充滿焦慮的人心生共鳴。

如何因應年齡藉口症

年齡藉口症是可以根治的。幾年前我主持了一個業務訓練課程，當時我發現一劑有效血清，既能治癒這個疾病，還能增加抗體，讓人打從一開始就不會感染年齡藉口症。

課程中有位學員叫塞西爾，他四十歲，希望轉換跑道進入某個製造公司當業務代表，但他自認太老。他解釋：「畢竟我得從零開始，但我都四十了，年紀已經太大了。」

我和塞西爾聊了幾次關於他這個「太老」的問題。我用了原本的藥方：「只要你不覺得自己老，你就不老。」但我卻不停被反駁。（大家經常會反駁說：「我是覺得自己老啊！」）

最後，我發現一個有效的方法，某天課程結束後，我就把這個方法試用在塞西爾身上。我說：「塞西爾，一個人從幾歲可以開始進入職場工作？」

他想了幾秒，回答道：「嗯，大概是二十歲吧。」

「好，」我說：「那一個人在幾歲無法工作？」

塞西爾答道：「這個嘛，如果他夠健康、也喜歡自己的工作，我猜到七十歲左右還是有很多事能做。」

「那好，」我說：「很多人過了七十歲還是很活躍，不過就先照你剛剛說的標準，一個人可以工作的期間大約落在二十歲到七十歲，算起來就是五十年，也就是半個世紀。」我說：「那你今年四十，你工作了幾年？」

「二十年。」他回答。

「那你還剩多少年？」

「三十年。」他應道。

「塞西爾，換句話說，你連一半都還沒過完，只過了百分之四十而已。」

我看著塞西爾，察覺他已經懂我的意思了。塞西爾的年齡藉口症就此治癒，因為他明白自己還剩很多年可以嘗試各種機會，思考模式就從「我已經老了」切換到「我還年輕」。此刻塞西爾想通，實際歲數並不重要，年齡究竟是個優勢還是障礙，完全是取決於一個人面對年齡的態度。

治好年齡藉口症往往能為你打開大門，找到自己原本以為不得其門而入的契機。我有個親戚多年來做了各式各樣的工作，包括銷售、創業、在銀行任職，卻一直沒找到自己真心想做的職業。最後他得出結論：他最想做的就是當牧師。剛浮現這個念頭時，他覺得自己太老了，畢竟他已經四十五歲、有三個小孩，也沒存幾個錢。

幸好他鼓足全部的勇氣，告訴自己：「就算四十五歲了，我也要當牧師。」

他擁有的不多，唯獨不缺信念，於是他加入威斯康辛的五年事工訓練計畫。五年後，他接受按立成為牧師，定居於伊利諾州一個不錯的教區。

他老嗎？當然不會，未來還有二十年的職涯等著他。不久前我才跟他聊過，他對我說：「你知道嗎？如果我沒在四十五歲做出這個重大決定，下半輩子想必心生怨懟，變得越來越老。現在，我覺得自己跟二十五年前一樣年輕。」

他看起來也幾乎就是那麼年輕。治好年齡藉口症，自然便會重拾年輕時的樂觀和年輕的感覺。擊敗對年齡限制的恐懼之後，人生不但會變長，也將迎來更了不起的成就。

對於如何克服年齡藉口症，我有位大學前同事給了個有趣的觀點。比爾畢業於哈佛，在證券經紀這行打滾了二十四年，累積不少資產，後來他想改當大學教授。比爾的朋友警告他未來的學習之旅會十分艱辛，他一定會累壞，但比爾決心實現目標，於是進入伊利諾大學就讀——當時他五十一歲。他五十五歲取得學位，如今任教於一所優秀學院的經濟系，擔任系主任。而且他很快樂，他笑著說：「這輩子我還有將近三分之一的美好歲月等著我去過。」

年老是種讓人失敗的病。克服年老，別讓年紀阻止自己前進。

一個人在什麼情況下會太年輕？在年齡藉口症當中，「我太年輕」這一類也造成相當大的問題。大概一年前，傑瑞找我幫忙解決他的難題，當時他二十三歲。傑瑞是個好青年，在軍中當傘兵，退伍後念了大學；大學期間，傑瑞在一家大型搬家倉儲公司跑業務來養活妻小，無論在學業或職場都表現亮眼。

但是這天，傑瑞十分憂慮。「斯瓦茲博士，」他說：「我遇到一個問題。公司想聘我當業務經理，到時候我要負責管其他八個業務員。」

「恭喜，真是好消息！」我說，「可是你似乎很擔心。」

「嗯，」他接著說：「我要管理的那八個人，年紀分別比我大了七歲到二十一歲不等。你覺得我該怎麼辦？我應付得來嗎？」

我說：「傑瑞，你公司的總經理顯然認為你年紀足以勝任，否則不會讓你升遷。只要記住以下三點，一切都會很順利。首先，不要在意年齡。以前，一個小孩有辦法做成人的農活時，在那一刻他就是大人了，過了幾次生日跟是否成年一點關係也沒有。同樣的道理也適用於你，當你證明自己能勝任業務經理的工作，你的年紀就已經夠大了。

「第二，不要濫用你的新職權。尊重那幾位業務員，徵求他們的意見，讓他們覺得自己是在為團隊的領袖工作，而不是被獨裁者統治。這麼一來，那些下屬就會和你合作，而不是與你對抗。

「第三，要習慣有些下屬的年紀比你大。各行各業的領袖很快都會發現，他們比許多自己所帶領的人還要年輕。所以你要習慣有比自己年紀大的人替你做事，未來等你遇到更好的機會，這點會對你有很大的幫助。

「記住，傑瑞，年齡絕不是個問題，除非你認為那是問題。」

如今傑瑞做得風生水起。他熱愛搬家這一行，正計畫過幾年要自己開公司。

只有在你認為年輕是個缺陷時，年輕才會是缺陷。大家常聽說某些工作需要「一定程度的」成熟外表，比如證券或保險銷售之類的。但是，非要有一頭花白頭髮或禿頭才能贏得投資人信任，這完全是胡說八道。真正重要的是你多了解自己的工作，假如你對工作內容夠了解、也了解人心裡想的，就代表你已經夠成熟到足以勝任這個工作。年齡跟能力沒有實質關聯，除非是你對自己洗腦說，光是歲月流逝就能使人功成名就。

很多年輕人覺得自己因為太年輕而受到阻撓。的確，職場上可能會有人由於缺乏安全感、擔心飯碗不保，所以用年紀或其他理由阻撓你往上爬。

可是，公司裡真正有說話份量的人絕不會這麼做，他們認為你能勝任多少職責，就會給你多少職責。只要展現自己的能力和正面態度，年輕將被視為優勢。

克服年齡藉口症的三種方法

簡單總結治療年齡藉口症的處方：

1. 正面看待自己現在的歲數。

要想「我還年輕」，不要想「我老了」。練習對新事物抱持期待，心懷熱忱，保有年輕的感覺。

2. 計算自己的職涯還剩多少年。

記住，人到了三十歲，未來仍有百分之八十的職涯等著自己；即便五十歲，也還剩下百分之四十的年歲能夠迎來新的機會。人生其實比大多數人以為的還長！

3. 把未來的時間投資在自己真正想做的事情上。

要是任憑思緒變得負面，心想「已經太遲了」，在那一刻才是真的太遲了。別再想著「早知道我好幾年前就去做了」，那是輸家思維。你反而應該這麼想：「我要現在開始去做，我最精華的歲月還在等著我。」這才是成功人士的思維。

四、運氣藉口症（「可是我的情況不同，我就是運氣差」）

我最近聽一位交通工程師討論道路安全的問題，他指出每年少說四萬人死於所謂的交通意外。他這場演講主要想傳達的訊息是，世上沒有真正的意外，我們稱之為「意外」的事件其實是源自人為因素或機械故障，或兩者兼有。

這位專家的話呼應了過去眾多智者所說的：事出必有因。事情不會無故發生，就連今天天氣如何也毫無意外的成分，我們沒理由認為與人相關的事有任何例外。

然而，你幾乎每天都會聽到有人把自己的問題歸咎於「運氣不好」，或是把另一個人的成功歸咎於「運氣好」。

我來舉個例子說明人是怎麼屈服於運氣藉口症。最近我跟三位年輕的基層主管共進午餐，那天的話題圍繞在喬治身上，因為一天前，他才被公司從幾位主管當中拔擢起來，擔任重要職位。

為什麼升職的是喬治？那三個人絞盡腦汁想了各種理由：運氣、勾引、拍馬屁、喬治那個老婆很會諂媚上司……但沒一個是事實。事實單純就是喬治能力比較好，他的表現更優秀，工作得更賣力，跟人打交道更有成效。

我還知道，那間公司的高階主管花了不少時間，考慮應該從四人之中提拔誰。我這三位夢想破滅的朋友早該明白，高階管理層可不會抽籤決定誰來擔任重要主管。

不久之前，我和一位工具機製造商的業務主管提及運氣藉口症的影響有多嚴重。這個話題讓他精神來了，開始談起他在這方面的親身經驗。

「我第一次聽人如此形容這種現象，」他說：「但這是每個業務主管都得對抗的問題，而且棘手的程度數一數二。就在昨天我公司發生一件事，恰好能完美印證你說的。

「有個業務員大約四點鐘進公司，帶回來一份十一萬兩千美元的工具機訂單，當時另一個業績差到拖累公司的業務員也在辦公室，他聽到約翰分享好消息，頗為嫉妒地道喜，接著說：『哎呀，約翰，你又一次走運了！』

「但那位表現不佳的業務只是不想承認，約翰拿到大訂單跟運氣一點關係也沒有。約翰在那個客戶身上下了好幾個月的工夫，反覆跟六、七個人商談，熬夜思考對他們而言的最好方案，才找我們的技師擬出機器的設計草圖。約翰不是運氣好，除非縝密計劃並耐心執行也叫運氣。」

如果根據運氣來重組通用汽車的人事，會怎麼樣？要是用運氣來決定誰該做什麼、誰擔任什麼職位，全國上下每間公司都會倒閉。試想，假如通用汽車的人事根據運氣徹底重組，會發生什麼事？為了重組，把所有員工的名字放入籤筒，第一個抽到的人當總裁，第二個人當副總裁，依此類推。

聽起來很瞎，對不對？嗯，靠運氣就是會這樣。

無論什麼行業，舉凡企業管理、銷售、法律、工程、表演等等，有人能夠爬到最上層，是因為他們的心態正確，外加刻苦務實、懂得活用思考。

兩招克服運氣藉口症

1. 承認因果關係的存在。

不要急著下定論說別人只是「運氣好」，你會發現對方靠的不是運氣，而是準備、規劃和贏得成功的思維替此人帶來好運；不要急著下定論說是別人「運氣差」，仔細看看，你會發現背後自有原因。成功的人遭遇挫折時，會從中學習並獲益；平庸的人遭遇失敗時，什麼也不會學到。

2. 不要只是癡心妄想。

別浪費力氣幻想不費吹灰之力就能成功，人沒辦法單靠運氣便功成名就。想要成功，必須付出有助於自己成功的努力、精通能帶來成功的原則。不要指望運氣能讓自己升遷、得勝、在人生中獲得美好的事物，因為運氣壓根沒辦法讓人獲得這些；相反地，你該專注於培養能讓自己成為贏家的優勢。

第三章
建立自信，消滅恐懼
BUILD CONFIDENCE AND DESTROY FEAR

當朋友告訴你：「你想太多了，不用擔心，沒什麼好怕的。」這些話都是出於善意。但你我都明白，用這種方式克服恐懼從來都沒什麼用。這類安撫的話只能緩解恐懼幾分鐘，頂多幾個小時，而這種「都是你想太多了」的話沒辦法真正建立信心，治癒恐懼。

沒錯，恐懼是真實存在的。我們必須承認恐懼存在，才能克服恐懼。

在這個時代，恐懼大多源自於心理因素。擔憂、緊張、尷尬、驚慌……這些全都來自未能妥善掌控的負面想像，不過光是知道恐懼的來源並不足以治癒恐懼。要是醫生發現你身上有哪裡感染，他不會就此罷手，而是會進一步治療感染的地方。

過去那種舊療法——「都是你想太多了」，聲稱恐懼不存在，但恐懼的確存在。恐懼是貨真價實的。恐懼是成功的頭號敵人，讓人不敢抓住機會，還會削減一個人的精力，甚至能讓人生病，導致器官出問題，壽命縮短；恐懼也讓人在有話想說時閉緊嘴巴。

恐懼也可以說是猶疑、缺乏自信，這種情緒解釋了為何經濟會衰退，為何上百萬人一事無成、鬱鬱不樂。

恐懼確實是強大的力量。恐懼以各種的方式，讓人得不到生命中真正想要的事物。形式各異、程度不一的恐懼是種心理方面的感染。想要治療心理上的感染，方法跟治療生理上的感染一樣，也就是執行經實證有效的具體療法。

但是在準備開始治療之前，各位要先了解一個事實：信心都是後天習得和養成的。沒人天生具有自信，假如你認識渾身散發自信、克服憂慮、隨時隨地都從容自在的人，你要知道他們的每一分自信都是後天積累而成。

同樣的事你也辦得到，這一章會告訴你該怎麼做。

行動可以克服恐懼

第二次世界大戰期間，美國海軍規定新兵都要會游泳，不會的話就要學，原因很簡單：游泳的技能哪天說不定會救這些海軍一命。

軍方為不會游泳的新兵安排了游泳課，我旁觀了幾堂訓練課程。說來有些不好意思，看這些身強體壯的年輕人被只有一、兩公尺深的水給嚇壞，是有那麼點好笑。印象中，有個訓練是要新兵從1.8公尺高的木板往下跳（不需要什麼專業跳水技巧），躍入約莫兩公尺半深的水裡，現場有半打游泳專家在旁待命。

深思起來，那場面有些可憐。那些年輕人顯露的恐懼是千真萬確的，可是他們其實只要往底下的水面一躍，就能克服這份恐懼。我不止一次看到有年輕人「不小心」被推下去，結果呢？恐懼就這麼消失了。

這是成千上萬名退役海軍都有的經歷，這個例子證明了一個道理：**行動可以治癒恐懼**。反之，猶豫不決、耽誤拖延只會助長恐懼。

現在就把這句話寫進你的成功法則筆記本：行動可以治癒恐懼。

行動確實能治好恐懼。幾個月前，有個四十歲出頭、極為煩惱的主管來找我，他在一間大型零售公司負責採購。

他憂心地解釋：「我怕我會丟了工作，我覺得待在這間公司的時間不長了。」

「為什麼？」我問。

「這個嘛，客戶的消費模式對我不利，我部門的業績比去年同期掉了百分之七，這已經很不妙了，雪上加霜的是全公司的店面總營業額增加了百分之六。我最近做了幾個不太恰當的決策，還被採購經理抓出來檢討好幾次，說我拖累公司的成長。

「我從來沒遇過這種情況。」他接著說：「我的狀態大不如前，別人也看得出來。我的採購助理發現了，銷售人員也注意到了，其他主管當然也察覺我表現不如以往，在前幾天的採購主管會議上，有個採購甚至提議要把我的一部分業務併入他的部門，說什麼『放在他部門才會幫店裡賺錢』。這感覺就像我溺水了，岸上還有一群人袖手旁觀，等著我沉下去。」

這位主管繼續往下說，舉了更多例子解釋自己面臨的困境。最後我打岔道：「你採取了什麼對策？你打算怎麼補救這個局面？」

「嗯，」他答道：「我覺得自己好像沒什麼能做的，只能期盼狀況好轉。」

聽他這麼說，我問：「說真的，在這種關頭光是期盼夠嗎？」我頓了一下，但沒等他回答，又提出另一個問題：「為什麼不採取行動，想辦法實現自己的期望呢？」

「說來聽聽。」他答道。

「嗯，從你的情況看來，你不妨試試以下兩種做法。首先，今天下午就開始想辦法拉抬業績數字。我們總得面對問題，你的業績會掉一定有原因，把原因找出來。也許你需要辦促銷活動，清掉滯銷品之後才有辦法採購新商品；也許你該重新安排展示櫃的陳列方式；說不定你需要更激勵銷售人員。我不確定哪些具體做法能把你的業績拉起來，但一定會有。此外，你大概可以私下找採購經理談談，他可能正在考慮要把你炒掉，不過要是你跟他討論，請他提供建議，他一定願意挪出更多時間來跟你一起解決問題。假如高層主管認為你有機會找到解決之道，要換掉你的代價就太高了。」

我接著說：「再來，叫你的採購助理通通動起來。不要再表現得像個溺水的人了，讓你周遭的人看清你還活得好好的。」

他眼裡再度燃起勇氣，然後問道：「你說我應該採取兩種應對方法，第二種是什麼？」

「第二種做法可以當做保險機制，也就是跟你在業界最熟的兩、三個朋友說，你可能會考慮其他店的職缺，前提當然是待遇要比你的現職優渥許多。

「如果你積極採取行動讓業績成長起來，我想你不至於丟工作，但為了以防萬一，預先拿到一、兩個工作機會是好事。記住，還在職時找工作，比失業後重新找工作來得容易十倍。」

兩天前，這個本來大為煩惱的主管打電話給我。

「跟你談過之後，我放手展開行動。我做了幾項改變，其中最根本的一項是針對銷售人員的，以往我一週開一次銷售會議，現在每天早上都開。銷售人員都變得充滿熱忱，我想大概是因為他們發現我還沒放棄，於是也做好了更加努力的準備，先前他們只是在等我率先展開行動。

「現在的狀況好轉許多，上週的業績比一年前提高了不少，也比店裡的平均營業額高多了。

「喔，對了，」他繼續說：「我還要跟你說另一個好消息。在跟你談過之後，我拿到兩個工作機會。我當然是很高興，但因為這邊的狀況已經有所好轉，我把兩個工作都推掉了。」

面臨嚴峻考驗時，在採取行動之前，我們往往都會深陷泥淖。心懷期盼會是個開端，但期盼之餘還需要行動才能成功戰勝考驗。

請實踐這項行動法則。下次心生恐懼時，無論恐懼的程度是高是低，首先請穩住自己，然後試著解答以下這個問題：我能採取什麼行動來克服恐懼？

請找出恐懼的關鍵，然後採取適當的行動。

下表提供幾個恐懼的例子，以及可能有助於克服恐懼的行動。

恐懼的類型	行動
對自己的外表感到沒自信	提升外表。換個髮型、把鞋子擦亮。總歸一句話，練習把自己打理得更好，要做到這點不一定非得買新衣服不可。
害怕失去重要客戶	投注兩倍心力提供更好的服務；針對任何可能導致客戶對你失去信心的原因加以補救。
害怕考試失利	把擔心的時間拿來念書。
害怕完全不在自己掌控範圍內的事物	把注意力轉向協助他人緩解恐懼。
害怕因為無法控制的事物而受傷，例如颱風或飛機失控	把注意力轉向另一件完全不同的事；整理房間；跟小孩玩；去看電影。
擔心其他人可能會怎麼想或怎麼說	確定你打算做的事是正確的，然後放手去做。當一個人要做有價值的事情時，外界批評的聲音從來不會少。
害怕投資或購買房產	分析每項因素，然後做個決定。下決定之後就持續進行，相信自己的判斷。
害怕跟人接觸	以客觀適切的方式看待對方。記住，對方也像你一樣只是個人。

請運用以下兩大步驟來治癒恐懼，贏得自信：

1. 找出恐懼的關鍵。
確定具體的原因，釐清自己害怕的究竟是什麼。
2. 接著採取行動。
無論是什麼類型的恐懼，一定都能採取某種行動。

切記，遲疑不決，只會放大、增強恐懼。請即刻採取行動，當機立斷。

存入心智銀行的想法會影響思考

缺乏自信的原因，多半能追溯到一段管理不當的記憶。

人腦和銀行很像。每天你都會把想法存入心智銀行，這些想法便逐漸成長，形成記憶。當你停下來思考或是面臨難題，你就會詢問心智銀行：「對於這件事，我有什麼是已經知道的？」

心智銀行會自動回應，從過去存入的內容當中找出與當前狀況相關的資訊。換句話說，你的記憶會提供生成新想法的原料。

心智銀行的出納員極其可靠，從不會欺騙你。要是你走向他，說：「出納員，我要提領過去存入的想法，證明我誰也比不上。」他會回答：「沒問題，這位客人，記不記得你先前試著要做某件事，結果失敗了兩次？記不記得你的六年級老師說你什麼都辦不到……記不記得你偶然聽見有個同事說你怎樣……記不記得……」

出納員滔滔不絕，在你腦中挖出一個接一個證明你不如人的念頭。

可是，假如你去找出納員時說的是：「出納員，我必須做個困難的決定，你能不能給我任何能讓我放心的想法？」

出納員再度答道：「沒問題，這位客人。」但這次他從你以往存入的念頭當中找出證明你會成功的內容，「記不記得你在以前某個類似的狀況，表現十分出色……記不記得史密斯先生對你多有信心……記不記得你的好友對你的評價……記不記得……」

出納員對你有求必應，你想提領什麼念頭都會讓你提領，畢竟銀行是你的。

以下幾個具體做法能讓你有效管理心智銀行，從而建立信心。

1. 只在心智銀行存放正面的念頭。

坦白說吧，人人都會遇到許多不愉快、尷尬出糗、令人氣餒消沉的處境，但贏家跟輸家應對這些境遇的方式大相逕庭。簡單來說，輸家會對這類事情耿耿於懷，反覆想著不愉快的遭遇，也導致這些事更容易存留在記憶中。他們不願意轉移心思，每天夜裡入睡前都想著這些不愉快的經歷。

反之，有自信的成功人士每次事過境遷就再也不去想它。成功的人特別擅長把正面思緒存入心智銀行。

要是你在每天一早出門上班前挖起好幾把泥沙丟進汽車的曲軸箱，你的車開起來會是怎麼樣？原本好端端的引擎很快就會壞掉，沒辦法如你所願發動。那些存放於你心中、不愉快又負面的想法，也會像這樣影響你的心智。負面念頭會對你的精神引擎造成無謂的磨耗，產生憂慮、氣惱、覺得自己不如人的感受，害得你只能停在路邊，眼睜睜看著別人向前駛去。

建議你：在需要獨自面對內心思緒的時候，請回想愉快的正面經驗，把好的念頭存入心智銀行。這麼做能提升自信，帶來美妙自信的感受，也有助於保持身體健康。

另外給你一個超棒計畫：在睡前把好的念頭存進心智銀行，細數自己遇到的喜事，回想自己需要感謝的許多美好事物（另一半、兒女、朋友、健康），回想自己今天看到了別人什麼好事，回想每個小勝利、小成就，想想讓你慶幸自己活著的理由。

2. 只從心智銀行提取好的念頭。

幾年前在芝加哥時，我和一間心理諮詢公司往來密切。他們經手各式各樣的案子，當中以婚姻問題跟心理調適為大宗，每一件都是在處理心理狀況。

有天下午，我和該公司的老闆談到他的職業，以及他用哪些技巧幫助嚴重適應不良的人，這時他說：「你知道嗎？只要大家懂得做一件事，就不會有人需要找我了。」

「是什麼？」我急切地問道。

「很簡單，只要在負面想法在心中長成怪物之前，搶先把那些想法消滅就好。」

他繼續說：「我幫助的大多數人心裡都住著五花八門的怪獸，比方說，很多觸礁的婚姻中都有『蜜月怪物』的影子：結婚的其中一方或雙方覺得蜜月不盡如己意，但他們沒讓事情過去，而是反覆回想上百遍，直到蜜月問題嚴重妨礙到他們的婚姻關係，過了五年十年才來找我。

「當然，我的客戶多半沒看出問題在哪。我的工作就是找出問題的根源，解釋給他們聽，協助他們看清那件事其實沒什麼大不了的。

「幾乎每件不愉快的事都能成長為心理怪物，」我這位心理師朋友接著說：「工作不順、失戀、投資失利、對正值青春期的孩子失望……受這些問題困擾的人極為常見，所以我得幫他們消滅這些怪物。」

無庸置疑，一旦反覆召喚負面想法來加以滋養，任何負面想法都可能演變為駭人的心理怪物，瓦解信心，讓人走向嚴重的心理問題。

《柯夢波丹》雜誌曾刊登一篇文章〈通往自我毀滅之路〉，作者愛麗絲．穆卡伊指出美國每年至少有三萬人自殺，另有十萬人自殺未遂。她接著寫道：「但驚人的證據顯示，還有上百萬人用更不易察覺的方式緩慢消耗生命，還有人儘管沒有自我了斷，卻扼殺了自己的心靈，不斷找出各種方法羞辱、懲罰自己，在各個方面自我貶抑。」

上文提到的心理師朋友曾告訴我，他是如何幫助一位個案停止「精神自殺」。他解釋說：「這名個案年近四十，育有兩個小孩。用比較好懂的說法來講，她患有嚴重的憂鬱症。在她眼中，自己人生的每個經歷都很不快樂，無論是學生時代、婚姻、生小孩、住過的每個地方，她都用負面方式看待。她自認想不出有什麼時候真正快樂過，也由於一個人對過去的印象會影響自身對當下生活的看法，所以她眼中盡是消極與黑暗。

「我給她一張圖片，問她看到什麼，她回答：『看起來像是今晚會有狂風暴雨。』那是我聽過對那張圖最悲觀的詮釋。」（那張圖是一幅大型油畫，圖中是低掛於天空的太陽以及一片崎嶇的岩岸，畫得十分巧妙，既能解讀成日出，也能解讀成日落。這位心理師告訴我，一個人在畫中看見的景象會反映這人的性格，大部分的人都說是日出，不過憂鬱、有心理狀況的人幾乎都會說是日落。）

「身為心理師，我沒辦法改變一個人回憶中已經存在的事件，但個案願意配合的話，我能協助對方用不同的觀點看待過去。我基本上就是這麼治療這位女性，和她合作，協助她看見過去的喜悅跟快樂，不是只看見失望。過了六個月，她的情況開始好轉，這時我給她一個特別作業，請她每天想出三個讓她快樂的具體原因，並且寫下來，到了每星期四的諮商時間，我會和她一起回顧這份清單。這樣治療持續了三個月，她的情況大幅好轉。如今這位女個案對生活適應良好，抱持正面心態，也無疑跟大多數人一樣快樂。」

這位女性停止從記憶裡提領負面想法的那一刻，就已踏上復原之路。

無論心理問題是大是小，當一個人停止從記憶裡提領負面思緒，只提領正面想法，就能邁向復原。

請不要豢養心理怪物，不要從心智銀行提取不愉快的念頭。不管想起什麼樣的遭遇，請聚焦於好的一面，把壞的一面忘卻，埋葬在內心深處。要是察覺自己正想著不好的那一面，就乾脆什麼也不要想。

告訴你一個非常重要、非常鼓舞人心的消息：心智也希望你把不愉快的事忘掉。只要你配合，不快樂的記憶自然會漸漸縮小，心智銀行的出納員就會將之一筆勾銷。

對於人的記憶能力，知名廣告心理學家梅爾文・S・哈維克曾說：「如果廣告喚起愉快的感受，會比較容易被記住。要是喚起不愉快的感受，閱聽大眾往往會忘掉廣告傳達的訊息。不愉快的感受會與我們的渴望相互衝突，所以我們不願意記住。」

簡言之，只要拒絕回想不愉快的記憶，要忘掉其實非常容易。請在自己的心智銀行裡只提領正面的想法，讓其他的就隨時間消褪吧，如此一來，你的自信將迅速提升，讓你感到無比快樂。在你拒絕回想自我貶抑的負面想法時，便已邁開克服恐懼的一大步。

為什麼人會怕其他人？為什麼許多人在別人身邊會很覺得不自在？害羞背後的成因是什麼？我們可以怎麼應對？

害怕他人是一種強大的恐懼，但也有能夠克服的方法。學習以公平適切的觀點看待旁人，就能克服對人的恐懼。

我有位在工作上認識的朋友開了一家木製品工廠，生意興旺。這位朋友曾對我解釋他是怎麼學會用適切合理的觀點看待別人，他舉的例子非常有意思。

「在我入伍前，我可以說是誰都怕，你一定不會相信我以前有多害羞膽怯。我覺得每個人都比我聰明得多，也擔心我的外貌跟智力不如人，深信我生來注定失敗。

「幸運的是，後來我在軍中擺脫了對人的恐懼。一九四二到一九四三年間，軍隊大量徵召男性從軍，當時我以醫務兵的身分派駐於一所大型徵兵中心，每天協助這些男性做健康檢查。我看了越多新兵，就越來越不怕人。

「上百名男性全身脫得精光排排站時，每個人看起來都相似極了。當然了，有些人胖、有些人瘦，有些人高、有些人矮，但每個人都很惶惑，都是孤伶伶的。不過幾天之前，他們之中有的是平步青雲的年輕主管，有的是農夫，有的是業務員、居無定所的人、藍領工人；在幾天前他們有各式各樣的身分，但是到了徵召中心，他們都沒什麼差別。

「那時我想通了一個挺基本的道理。我發現，跟差異比起來，人與人之間的相似之處更多。我恍然明白其他人跟我其實還挺像的，都喜歡好吃的東西、想念親朋好友、想要有所成就、會有煩惱、喜歡休息放鬆。既然別人跟我差不多，我就用不著害怕了。」

這番話是不是很有道理？既然旁人跟自己差不多，就沒有害怕的理由了。

以下兩種方法能幫助各位適切地看待旁人：

1. 用平衡中肯的角度看待對方。

與人相處時，切記兩點：首先，對方很重要。對方無庸置疑是重要的人，每個人都是。但你也要記住：你一樣很重要。因此，認識另一個人時，務必告訴自己：「我們兩個都是重要的人，正要坐下來談談彼此都關心、對彼此都有益的事。」

幾個月前有位公司主管打電話告訴我，他聘用了我前陣子推薦給他的一名年輕人。我這位朋友問道：「你知不知道我究竟看中他哪一點？」我問：「是什麼？」

「這個嘛，是他待人接物的態度。多數應徵者走進來時都心懷畏懼，只會給我他們認為我想聽的答案，某方面來說，大部分求職者都有點像乞丐——他們什麼都願意接受，而且缺乏出眾之處。

「但這位年輕人的處事態度不同。他尊重我，但他一樣尊重自己，這點也同等重要。不光是這樣，他對我提出的問題跟我問他的一樣多。他不會畏縮膽怯，是個有擔當、有膽量的人，所以一定能勝任這個職務。」

認為自己與對方同等重要的態度，能讓你用中肯持平的方式面對人事物，也就不至於把旁人想得比你重要太多。

也許對方看起來是個了不起的大人物、非常嚇人，但你要記住，基本上他也只是和你有著相同興趣、渴望與煩惱的平凡人。

2. 養成同理他人的心態。

這世上不乏想反咬你一口、兇你、挑你毛病或把你打倒的人，假如沒做好和他們打交道的準備，這種人搞不好會重挫你的信心，讓你大感消沉頹喪。你需要懂得抵禦這些沒幾兩重卻愛耍威風的惡霸。

我幾個月前在一間旅館的櫃檯，恰好就看到了怎樣應對這種人的正確方式。

當時剛過傍晚五點，旅館為了接待入住旅客而忙碌不已。我前面的客人用頤指氣使的口吻把名字告訴櫃檯人員，櫃檯說：「好的，R先生，我們為您準備了精緻單人房。」

「單人房？」那人吼道：「我訂的是雙人房。」

櫃檯人員非常禮貌地說：「先生，我確認一下。」他從檔案中抽出那位客人的預訂資訊，說：「先生，很抱歉，您的預定註明要訂單人房。我很樂意為您換一間，可惜我們的雙人房都客滿了，先生。」

怒氣衝天的客人說：「我不管那張該死的紙上寫什麼，我就是要雙人房。」

接著他搬出「你知道我是誰嗎」那一套威脅，然後說：「我叫人把你給炒了，你等著看，我叫他們開除你。」

在狂風暴雨般的怒罵中，年輕的櫃檯人員盡力插話道：「先生，真的很抱歉，但我們是依照您的指示預留房間。」

最終客人火冒三丈地說：「什麼爛飯店，我現在知道你們管理有多差，就算給我總統套房我也不住了！」接著氣沖沖地離開。

我走向櫃檯，心想那位櫃檯人員才剛承受我許久以來所見最惡劣的當眾怒罵，大概很沮喪，沒想到他向我打招呼時，那句「晚安，先生」是我人生中聽過最親切的問候語。他替我辦理入住時，我對他說：「我很佩服你剛才的風度，你真是太會克制脾氣了。」

「這個嘛，」他說：「對那樣的人實在沒什麼好生氣的。你瞧，他真正氣的對象其實不是我，我只不過是個替死鬼罷了。那個可憐的人搞不好剛跟老婆大吵一架，或是事業不順，也說不定他內心自卑，剛好碰到這個讓他耀武揚威的大好機會。我只是碰巧給了他把氣出在我身上的機會而已。」

這名櫃檯人員最後補上一句：「他私底下大概人很好，大部分的人都是這樣。」

我走向電梯時，不自覺開口重複了這句話：「他私底下大概人很好，大部分的人都是這樣。」

下次有人對你發飆時，請記住這句話。別急著回嗆，想在這種情況中取勝，最好的方式就是讓對方把怒氣發洩掉，然後就此忘掉。

幾年前，有一次在改學生的考卷時，其中一份考卷讓我特別在意。在課堂討論和先前的考試中，這位學生都證明他的實力不該只交出這種程度的考卷，其實我原本認為他會是班上的第一名，可是他交的考卷卻是墊底。按照我一向以來的做法，我請祕書打電話聯絡那位學生，說有要事想與他討論，請他來我辦公室。

保羅很快就來了，看起來似乎過得很淒慘。等他坐好，我對他說：「保羅，你怎麼了？這份考卷不像是你會寫出來的。」

保羅掙扎了一番，低頭看著雙腳說：「老師，自從你那次發現我作弊，我整個人就一蹶不振，完全沒辦法專心念書。我發誓那是我第一次作弊，我實在太想拿A了，所以準備了一張小抄。」

他難過到極點，一開口便停不下來。「我想你大概會叫學校把我退學，根據校規，一旦學生用任何方式作弊都要永久開除。」

接著保羅開始說這件事會讓他家人顏面盡失、毀了他一生、會帶來各式各樣的惡果，最終我說道：「等等，講慢一點，聽我解釋。我沒發現你作弊。在你走進來告訴我之前，我完全不曉得問題在這裡。保羅，你選擇作弊讓我感到很遺憾。」

然後我繼續說：「保羅，告訴我，你想從大學生活得到什麼收穫？」

這時他冷靜了些，停頓半晌後說道：「這個嘛，教授，我的大目標是學著怎麼活出美好人生，但我猜我要被當了。」

「人會用不同的方式學習，」我說：「我想你也會從這次經驗中學到讓自己成功的寶貴教訓。

「考試偷帶小抄導致你大受良心苛責，心生內疚，從而自信全失。就像你說的，你從此一蹶不振。

「保羅，這種是非對錯的問題，一般多半都會用道德角度切入，但你要明白，我無意對你說教，教訓你什麼是對錯。讓我們從務實層面來談談。做出違背良心的行為時讓你心有愧疚，這種內疚感干擾了你的思考過程，導致你無法好好思考，因為你滿腦子想著：『我會不會被抓到？我會不會被抓到？』

「保羅，」我繼續說：「你太想拿A，於是做了明知不正確的事。人生中有很多時候，你會因為太想拿A而很想做違背良心的事。比方說，未來有一天你可能會很想把產品賣出去，所以故意誤導客戶買東西，說不定也會成功。但接下來會發生什麼事？內疚會抓著你不放，等下一次見到那位客戶，你會侷促不安、渾身不自在，心想：『他有沒有發現我騙了他？』因為你沒辦法專心，你做的介紹效果奇差，往後你可能再也無法說服那位客戶購買第二、第三、第四和以後無數次。長期而言，用違背良心的策略促成一次銷售，反而會害你失去大筆收入。」

接著我向保羅指出，偶爾會有商界或專業人士由於婚姻出軌，極度擔心另一半發現自己外遇，結果工作表現一落千丈。「太太會不會發現？老公會不會發現？」這個疑問糾纏著當事人的良心，直到她／他無論在職場或家裡都什麼也做不好。

我提醒保羅，很多罪犯會被逮到不是因為被循線找到，而是因為他們表現得侷促不安、滿懷內疚。換句話說，是罪惡感讓他們引人懷疑。

每個人內心都有想要為人正派、思想正派的渴望，一旦違背這份渴望，就會在良心種下癌症的種子，這些癌細胞將不停增長，嚙咬著良心。假如有任何事會讓你捫心自問：「我會被逮到嗎？別人會發現嗎？我能不能逃過懲罰？」這些事情都要避免去做。

假如拿A的代價是自信會遭到摧毀，那不如不要拿A。

讓我很高興的是，保羅聽懂我說的話，明白做對的事會帶來實際的益處。接著我提議要讓他重新考試。他問：「我不是要被退學了嗎？」我答道：「我知道校規說不能作弊，但你要知道，要是學校開除每個作弊過的學生，那學校就會少掉一半的教授；要是開除每個考慮要作弊的學生，那整間大學都要關了。

「所以我會把這件事一筆勾銷，前提是你要幫我一個忙。」

「我很樂意。」他說。

我走向書架，抽出我自己買的《黃金法則五十年》，說：「保羅，把這本書讀完再還我，看看百貨業巨擘J・C・潘尼自述他如何憑著只做對的事，成為美國首屈一指的富豪。」

做對的事會滿足良心，從而培養自信。如果做了世人認為錯誤的事，會有兩個結果：第一，我們會心生內疚，造成自信瓦解；第二，其他人遲早會發現，於是對我們失去信心。

做對的事，保有信心，這就是Think big之道。

以下這條心理法則值得你念個二十五遍，請讀到銘刻於心為止：有自信的思維，源於有自信的行動。

偉大的心理學家喬治・W・克倫在他的名作《應用心理學》中寫道：「切記，動作先於情緒。人無法直接控制自身情緒，只能透過所選的動作或行為來影響情緒……為了避免這種極其常見的悲劇（即婚姻問題和誤解），人應該了解心理學上的幾個真理。每天完成適當的動作，你很快就會感覺到相對應的情緒！只要你和伴侶落實這些行為：約會和接吻、每天真誠地讚美對方，再加上其他許多貼心小舉動，就用不著擔心愛的情感會消逝。只要表現得深愛對方，你遲早會真的深愛對方。」

心理學家告訴我們，改變肢體行為就能改變心態。舉例來說，試著微笑的話，你真的會比較想笑；相較於彎腰駝背，抬頭挺胸會讓你更有優越感。反過來說，做出眉頭深鎖的樣子，真的會讓你想皺眉頭。

要證明調整行為能改變情緒非常簡單，不敢自我介紹的人只要同時做出三個簡單的舉動，就能把膽怯轉化為自信。首先，伸出手親切地握住對方的手；第二，直視對方的眼睛；第三，說：「很高興認識你。」

這三個簡單的動作，馬上會讓羞怯之情自動消失。有自信的行動，能引發有自信的想法。

5種培養自信的練習

所以，有自信的思維源於有自信的行動。想要有什麼感受，就採取相應的行為舉止。以下提供五種培養自信的練習，請細讀這些練習的指引，認真實踐，藉此培養信心。

1. 坐在前排。

你有沒有注意過，在會議、講座、教室和各種集會上，後排的位子總是先坐滿？大部分的人老是搶著坐在後排，免得自己「太顯眼」。之所以不想引人注目，是因為缺乏自信。

坐在前排能提升自信。請練習看看，從現在開始奉行「坐得越前面越好」的行為準則。沒錯，坐在前排可能比較顯眼，但切記，成功本來就是引人注目的事。

2. 練習直視別人的雙眼。

一個人的眼神會透露許多關於此人的線索，假如有人迴避你的目光，你就會本能地懷疑起對方：「這人想要隱瞞什麼？他在怕什麼？他是不是想要騙我什麼？他是不是有什麼事不想說？」

不敢直視對方的眼睛通常會傳遞兩種訊息，一種是：「在你身邊我覺得自己很弱，我覺得自己不如你，我害怕你。」迴避目光也可能傳達了：「我有罪惡感。我做了某件事或有某個想法，但我不想讓你知道。我怕要是我對上你的視線，你就會看穿我。」

避開他人的目光不會傳達什麼好訊息，你告訴對方的是：「我很害怕，我沒自信。」強迫自己迎向對方的雙眼，就能克服這份恐懼。

看著對方的眼睛會讓對方明白：「我做人誠實、光明磊落，我相信我告訴你的話，我不害怕，我有自信。」

請直視對方的眼睛，讓雙眼為你帶來好處。這麼做不僅能給你自信，更能替你贏得他人的信心。

3. 走路速度加快四分之一。

在我兒時，光是去大城市就是件了不得的樂事。等事情都辦完回到車上後，母親經常說：「大衛，我們在這裡坐一陣子吧，看看外面經過的人。」

母親很擅長玩這個遊戲。她會說：「看那個人，你覺得他在煩惱什麼？」或是「你覺得那位小姐要做什麼？」「看看那個傢伙，他好像很茫然。」

觀察四處走動的人變成相當有趣的事，比看電影便宜多了（後來我才知道，這正是母親想出這個遊戲的其中一個原因），而且更有教育意義。

我至今仍保有觀察行人的習慣。在走廊、在大廳、在人行道上，我偶爾還是會看著到處走來走去的人，藉此研究人類的行為。

心理學家認為，如果一個人彎腰駝背、步伐拖沓，可能代表對自己、工作和周遭的人抱持負面態度。心理學家也告訴我們，只要透過改變姿勢和走路速度，真的可以改變一個人的心態。觀察看看，你會發現身體的動作正是心智牽動下的結果——極度消沉、真正落魄的人都拖著腳步，蹣跚前行，因為他們毫無自信。

一般人的走路姿態就是「一般」的樣子。他們的速度也是「一般般」，看起來就是「我對自己缺乏自豪感」。

再來是第三種人，這種人展現超強自信，走得比一般人快，幾乎像是在小跑步。他們走路的姿態告訴全世界：「我有個重要的場合得去，有重要的事得做，十五分鐘後我就會成功辦到我要做的事。」

請善用「走路速度加快四分之一」的技巧，幫助自己培養自信。挺起肩膀，抬起頭，走路快一點，自信就會隨之提升。

試試看就知道了。

4. 練習勇於發言。

我和大大小小的團體合作過，見過許多人明明洞察入微、天賦卓越，卻會在正要參與討論時突然僵住。關鍵不在於這些人不想跟別人一起交流，而只是單純缺乏自信。

每逢開會就閉上嘴的人心想：「我的意見大概沒什麼價值，要是開口八成會鬧笑話，我還是乾脆什麼都別說了。何況團體裡的其他人大概懂得比我還多，我不想讓別人發現自己很無知。」

每當這種不敢在會議上開口的人保持沉默，都會讓他們越來越自覺無能、不如人。他們往往會對自己許下毫無說服力的承諾，決心「下次」要開口說話，但他們心底明白自己不會遵守諾言。

請務必記住：不敢開口的人每沉默一次，就等於是摧殘自己的信心一次，然後就變得越來越缺乏自信。

但往好的方向想，越勇於開口便會越有自信，下一次要開口就變得更容易了。大膽開口吧，這是幫助你建立信心的大補帖。

請善用這個培養自信的技巧，每次參加公開會議都一定要開口說話。在每一個商務會議、委員會議、社群論壇主動發言，不要有任何例外，不管是評論、給予建議、提出疑問，通通都好。不要當最後一個開口的人，試著當破冰的人、當第一個說話的人。

永遠不要擔心自己會鬧笑話，不會的。如果有人不同意你說的話，很可能有另一個人站在你這邊。別再自問：「我到底敢不敢講？」

相反地，請把心思放在爭取討論主持人的注意力，讓你有機會開口講話。

如果需要針對說話的特別訓練跟體驗，不妨考慮參加演講協會團體。有成千上萬認真勤奮的人透過精心規劃的課程培養自信，學會自在地與人交談、發表演講。

5. 燦爛地笑。

大部分的人都聽說過笑容能讓人精神大振，都聽說過笑容是治療信心不足的絕佳藥方。但依舊有很多人並非真心相信這個道理，因為他們從沒在害怕時試著微笑。

試試看這個小測驗：露出大大的笑容，但內心依然保持氣餒沮喪的狀態。答案是你辦不到，因為燦爛的笑容會帶來自信。燦爛的笑容會打垮恐懼，驅散憂慮，擊敗消沉。

此外，真正的笑容不僅能療癒負面情緒，還能消解他人的抗拒，而且是立刻見效。當你露出燦爛而真誠的笑容，對方就不可能生你的氣，我前幾天的經歷碰巧能證明這點。

當時我把車停在路口等紅燈，只聽見「碰」地一聲，我後面的駕駛把腳從煞車放開，考驗了我後保險桿的耐撞度。我從後視鏡往後面一瞧，看見他下了車，於是也跟著下車，把什麼待人處事的原則都拋在腦後，一心想著要大吵一架。我承認，當時我打定主意要把對方罵得狗血淋頭。

幸好我還來不及開口，他便走向我，露出微笑，用極其真誠的語氣說：「這位朋友，我真的不是故意的。」那個笑容配上這句真心誠意的話，馬上化解了我的心防，結果我只喃喃說了幾句「沒關係，常有的事」。轉眼之間，我的敵意就轉變為好感。

露出燦爛的笑，你會覺得「人生又變美好了」。但你得笑得夠燦爛才行，半笑不笑未必有效。請笑到露出牙齒為止，這種大大的笑容絕對有效。

我聽過很多次有人會說：「對，可是我害怕或生氣的時候不會想笑啊。」當然不會，沒有人會。祕訣在於用力告訴自己：「我・要・笑。」

然後，笑！

培養笑容的力量吧。

實踐以下5個步驟，為自己帶來奇效

1. 行動會治癒恐懼。

請找出恐懼的關鍵，採取有助於將之化解的行動。坐以待斃、面對某個處境卻什麼也不做，只會強化恐懼，摧毀自信。

2. 請投注大量心力，只在記憶心智中存入正面的念頭。

不要讓自我貶抑的負面想法成長茁壯，變成心中的怪物。不愉快的事件或境遇連想都不要回想。

3. 以中肯適切的方式看待他人。

記住，人與人之間的共通之處比差異要多上太多了，請用不偏不倚的角度看待對方，他／她也只是個普通人而已。此外也要培養懂得同理的心態，很多人外表乍看凶悍，但真正會攻擊人的卻很少。

4. 練習只做對得起良心的事，這能避免內心滋生對自己有害的負罪感。

做對的事是成功的基本原則。

5. 善用每個行為舉止傳達「我非常有自信」的訊息。

請每天練習以下這幾個小技巧：

- **坐在前排**

- 直視別人的雙眼
- 走路速度加快四分之一
- 勇於發言
- 燦爛地笑

第四章

如何培養 Think big

HOW TO THINK BIG

我最近與一位徵才專家聊天，她隸屬於美國最大的產業組織，每年都會進大學校園，花費四個月招募大四畢業生參加公司的儲備主管培訓計畫。從她的語氣聽來，她對許多面試者的心態頗感氣餒。

「我常常一天面試八到十二位大四生，他們的成績都名列前茅，多少都有興趣進我們公司。在面試階段，我們主要想判斷對方的動機有多強。我們想知道這個人有沒有辦法在幾年內做大案子、管理分公司或分廠，或用別的方式為公司帶來可觀的貢獻。

「來跟我談的人之中，我得說大部分畢業生的個人目標都讓我不太滿意。」她接著說：「你一定會很驚訝，這些二十二歲的年輕人很多都只關心我們的退休金福利，而不是我們能提供的其他機會。第二常見的問題是：『我會不會必須常常調部門？』多數人似乎都認為穩定等同於成功，我們能冒險把公司交給這種人嗎？

「我不明白的是，為什麼現在的年輕人保守到這種程度、對未來的想像這麼狹隘？每天這世上都有證據顯示機會正在變多，這個國家在科學和工業都有前所未有的進展，現在正是最該樂觀看待國家前景的時刻。」

這麼多人思維狹隘，代表你如果想要自己的職涯成果豐碩，競爭對手會比你想像的少很多。

說到成功，衡量一個人的標準不是身高、體重、學歷或家世背景，而是這人的思維有多不設限。思考的格局有多大，會決定一個人的成就有多大；本章將告訴各位如何拓展思維的格局。

你有沒有問過自己：「我最大的弱點是什麼？」人類最大的弱點大概是自我貶抑，也就是低估自身的價值。自我貶抑會透過各種管道流露在外：例如，約翰在報紙上看見一個徵才廣告，條件完全符合他的理想，但他什麼也沒做，因為他心想：「我又配不上那工作，何必費事？」或是吉姆想約瓊安出去，但他沒約，因為覺得自己配不上她。

湯姆覺得理查先生會是很適合他產品的潛在客戶，但是湯姆沒打電話，因為他覺得像理查先生那麼重要的人物不會有時間見他。彼得填寫工作應徵表，其中一個問題是「期望起薪」，他寫了個不怎麼高的數字，雖然他想獲得更高的薪水，但他覺得自己當不起。

數千年前，哲學家便給了人們一個絕佳的建議：認識自己。然而，多數人似乎認為這個建議說的是，人只需要認識自己不好的那一面。大部分的人所做的自我評價，其實不過是在內心條列出一個長長的清單，詳列自身的缺陷、弱點、不如人之處。

了解自身的不足是件好事，這讓我們知道自己哪些方面還能進步。但假如只知道自己不好的特質，我們都會變得一團糟，覺得自己沒有價值可言。

以下這個練習能幫各位衡量自身真正的價值，我在給主管和銷售人員的訓練課程當中都用過這個練習，證明確實有用。

1. 找出自己身上的五個主要優勢。

邀請幾位客觀的朋友幫忙（比如伴侶、主管、老師），找幾位會誠實給你意見的聰明人。個人常見的優勢包括：學歷、經歷、專業技能、外表、健全的家庭生活、態度、性格、勇於承擔。

2. 接下來，在每個優勢下方寫下三個名字。

這些人已經取得了不起的成就，但在這項優勢上卻略遜於你。

完成這項練習之後，你會發現自己至少在一項優勢上超越許多成功人士。最終，你只會做出一個誠實的結論：你比自己想的更強大。所以快把你的思維調整成合乎自身價值的模式，像適合你真正的格局那樣思考！絕對、絕對、絕對不要低估自己的價值！

用正面、有格局的詞彙來 Think big

如果有人用「磨而不磷」表達「毫不動搖」，或用「調風弄月」表達「調情」，或許代表這人知道的成語詞彙量很豐富，但這也代表他懂得運用 Think big 的詞彙嗎？應該不是。假如一個人愛用一般人難以理解、聽起來很厲害的冷僻字詞，此人多半傲慢自大、自命不凡，這類人通常眼界都很小。

要衡量一個人的詞彙，重點不在其詞彙量多寡。對於一個人的詞彙，真正有意義、也是唯一有意義的衡量標準，是這人的用字遣詞會對自身和別人的思維引發什麼效果。

在此說明一個相當基本的概念：人並不是以字詞思考，而是以圖像或影像思考。字彙是想法的原始材料，在說出或閱讀某個字詞時，心智這項了不起的工具會把字詞在心中轉換成影像，而每個字詞所創造的圖像都略有不同。假如有人告訴你：「吉姆新買了一棟房屋。」你會看見一個畫面；但假如那個人告訴你：「吉姆新買了一個農莊。」你則會看見另一個畫面。我們內心所見的圖像，會根據我們如何稱呼和描繪事物而改變。

這麼說好了，說話或書寫時的你就像一部放映機，在其他人心中投放電影，而你創造的畫面會決定你跟其他人做出什麼反應。

假如你對一群人說：「很遺憾告訴大家，我們失敗了。」他們會看見什麼？他們將會看見「失敗」二字所傳達出來的挫敗、失望與痛惋。但要是你改成說：「我認為這個新方法會發揮成效。」他們會覺得受到鼓勵，做好再試一次的準備。

假如你說：「我們遇到了問題。」在別人心中創造的影像就是個棘手的麻煩。如果改說：「我們面臨一個挑戰。」創造出的畫面就是好玩、有趣、做起來很愉快的事。

假如告訴一群人：「我們花了一大筆錢。」大家看見的就是這筆錢再也回不來。要是改成說：「我們做了個重大投資。」別人將是看見未來能夠回收報酬的畫面，是讓人非常愉快的情景。

我要說的是，懂得 Think big 的人都很擅長在自己與別人心中創造正面、有遠見、樂觀的畫面。想要擁有 Think big，就必須運用能引發大器、有格局、正面圖像的字詞。

下表上欄列出的例句會創造狹隘、負面、令人沮喪的想法，下欄則以格局開闊、正面的用詞描述相同情境。

閱讀時，試著自問：「我心中出現什麼畫面？」

創造狹隘、負面、令人沮喪畫面的用詞	創造格局開闊、正面畫面的用詞
沒用的，我們完蛋了。	還沒結束。我們繼續試下去吧，我想到新的切入點了。
我做過那一行，結果一敗塗地，從此再也不想幹了。	我是破產了，但問題在我自己身上，我要再試一次。
我盡力了，但那個產品就是賣不起來，沒人想要。	到目前為止我還沒辦法把產品推銷出去，但我知道這是好產品，我要找到讓大家明白它好在哪裡的方法。
市場已經飽和了。想想看，潛在客戶有四分之三都已經買了產品，還是趕快轉行的好。	想想看，整個市場有四分之一都還沒買過。算我一份，這一行看來大有可為！
他們的訂單數量太少，不要經營這個客戶了。	他們的訂單數量很少，來擬訂計畫，賣些更符合他們需求的產品吧。
爬到這間公司最高層的位置要花五年未免太久了，我不幹。	五年其實也不算長，想想看，到時候我還剩三十年能擔任高層主管。

優勢都在競爭對手身上，你要我怎麼跟他們打對台？	競爭對手很強，這無庸置疑，但沒人會占盡所有優勢。我們一起集思廣益，想個辦法贏過他們。
哪有人想要這個產品啊。	現階段這個產品可能還不適合市場，但我們來想想怎麼調整。
等經濟衰退再來買股票就好。	立刻進場投資吧。與其賭經濟蕭條，不如賭經濟蓬勃發展。
我太年輕（或太老），不適合這個工作。	年輕（或年紀大）是一大優勢。
沒用的，我證明給你看。 創造的畫面為：黑暗、陰鬱、失望、悲傷、失敗。	會有用的，我證明給你看。 創造的畫面為：明亮、希望、成功、有趣、勝利。

以下四種方法能幫助各位培養 Think big 的詞彙庫。

1. 使用大方、正面、振奮的字詞來描述自己的感受。

如果有人問：「你今天怎麼樣？」而你回答：「我好累（我頭痛、真希望今天星期六、我不太舒服）。」其實會讓你覺得更糟。請練習看看這個方法，非常簡單卻成效奇佳。每次有人問：「你過得怎麼樣？」或「你今天如何？」請試著回答：「棒極了！謝謝，你呢？」或是「非常好」、「很棒」。只要一有機會就說你覺得好極了，那你真的會身心暢快，眼界也會更開闊。變成別人眼中「總是很愉快的人」吧，你會更容易贏得友誼。

2. 用愉快、開心、討喜的字詞形容他人。

替每個朋友跟同事找出正面、大器的用詞來形容對方；你在跟別人討論不在場的第三人時，務必使用大度的說法，例如：「他真的是個優秀人才。」「我聽說他的工作表現十分傑出。」千萬格外小心避免使用小家子氣的攻訐用詞，因為你們的對話內容遲早會傳到那個人耳中，到時你說的話只會反過來害了自己。

3. 運用正面詞彙激勵他人。

請一有機會就當面稱讚別人，因為你認識的每個人都渴望讚美。每天用一句特別的好話讚美自己的伴侶；留意並稱讚與自己共事的人。真誠的讚美能幫助你成功，請善用這項工具，而且要一而再、再而三反覆使用。稱讚別人的外表、工作表現、成就、家人吧。

4. 用正面詞彙向他人描述計畫。

如果有人聽到：「好消息，我們得到一個很棒的機會……」想必心中會創造閃閃發亮的畫面；但假如是聽到：「不管喜不喜歡，我們都要做這工作。」內心的圖像則將是枯燥無趣，也會以此做出反應。勾勒勝利的前景，你會看到大家眼睛一亮；勾勒勝利的前景，你會贏得支持。你該打造美好的願景，不要自掘墳墓！

看未來能成就什麼，而不是只看現狀

懂得 Think big 的人會練習超越眼前的現狀，看見未來的可能性。下面四個例子可以闡述這一點。

1. 房地產的價值從哪來？

有位房仲專門經手位於鄉下地區的房地產，事業做得相當不錯，他恰好證明了只要懂得在荒蕪之處看見潛力，就能夠創造亮麗的成績。

我這位朋友說：「這一帶大部分的房地產都有待整頓，看起來不是很吸引人。我能把這區的房地產賣得好，是因為我不會把一塊地照原本的樣子賣。

「我會根據這塊地的可塑性來擬定整個銷售計畫。如果單純告訴客人『這塊地總面積多少、其中有林地多少、離市區多遠』，客人不會感興趣，也不會因此想買。但要是給客戶看運用這塊地的具體計畫，他們很快就會買單。我給你看個例子。」

他打開公事包，抽出一份文件說：「這是最近委託我們的一塊地。這塊地跟大部分農地很像，距離市中心將近七十公里，房子破舊，已經五年沒有種過東西了。我是這麼做的：上禮拜我花了整整兩天待在那裡，純做功課。我在那塊地上來回走了好幾遍，觀察周遭，研究附近現有或正在規劃興建的公路。我問自己：『這塊地適合做什麼？』

「我想出三種可能，都寫在這裡。」他把文件拿給我看，每一份計畫都整整齊齊地打好，內容看來十分詳盡。其中一份計畫建議將農地改建為馬場，當中說明了為何這個主意可行：因為城市中的人口逐漸增加，會帶來更多喜愛戶外活動的人，有更多資金能用於休閒娛樂，道路也很適合；計畫還說明農場本身就足以養活數量可觀的馬，如此一來騎馬的收益就能最大化。整個馬場計畫非常周詳，極具說服力，由於內容實在太明確又令人信服，我已經能想像有好幾十人騎馬穿越樹林。

這位積極進取的房仲以類似方式擬定第二份詳細的方案，以及第三份結合林場和家禽養殖場的計畫。

「現在我跟客戶討論時，不用說服他們這塊地光是現狀就很值得一買，而是幫助客戶看清怎麼把這塊地變成一門賺錢的好生意。

「我賣的是房地產未來的潛力，這套方法不但讓我更快賣出更多地，還帶來另一個好處：我賣出的價格比競爭對手來得高。如果買家不只能買到一塊地，還能得到如何利用這塊地的點子，他們自然會開更高的價錢。因為這樣，越來越多人想把地交給我賣，我每一筆交易所抽的佣金也越來越高。」

這故事告訴我們：不要只看事物當下的表象，要看未來的潛力。任何事物都能透過勾勒藍圖增添價值。思維格局大的人一定懂得勾勒未來的可能性，而不會侷限於眼下。

2. 一個顧客價值多少？

一名百貨公司高階主管正在會議上對一群商品經理演講，她說：「我可能比較老派，但我相信要讓客人回購的最佳做法是提供親切有禮的服務。有天我去巡視店面，聽見一位銷售員跟顧客爭執，後來顧客氣沖沖走掉。

「事後，那位銷售員跟另一位同事說：『那個客人只想買不到兩美元的東西，誰要把時間耗在他身上，翻遍整間店就為了幫他找他要的東西？他才不值得。』

「我聽完就走了，」這位高階主管繼續說：「可是我一直忘不了那句話。有銷售員認為某些顧客屬於『不到兩美元』的類別，我覺得這事不容小覷，於是我立刻決定要改變這個觀念。回到辦公室之後，我打給研究總監，請他查明去年平均一位顧客在店裡消費多少錢。他回報給我的數字連我都嚇到了，根據研究總監的謹慎計算，客人在我們店裡通常會消費三百六十二美元。

「接下來，我召集全體主管，講了這件事情，然後把顧客真正的價值給他們看。等他們明白顧客的價值不能只以單次交易來衡量，應該要以年為單位來衡量，顧客服務就大幅改善了。」

這位零售業主管所說的道理適用於各行各業。真正創造營收的是回頭客，前幾次的消費往往沒什麼利潤可言。不要只看顧客今天買了什麼，該看重的是他們潛在的消費力。

要是重視顧客的價值，他們就會成為帶來大筆營收的常客。要是不重視顧客的價值，他們就會離開。有個學生告訴過我，他為什麼再也不想光顧某間餐廳的原因為何，他的遭遇也跟這個道理有關。

這位學生說：「今天中午，我決定試試看前幾個禮拜剛開的一家餐廳。這陣子我手頭有點緊，所以我要買什麼都會謹慎把關。我經過放肉類的區域，發現有一道火雞配醬汁看起來挺好吃的，價格清楚標示為三十九分錢。

「結帳時，收銀員看了我的盤子一眼說：『一塊九。』我禮貌地請她再算一次，因為我自己算的總金額是九十九分錢。她狠狠瞪了我，重新算了一次，原來差別出在火雞，她算我四十九分錢，不是三十九分。我請她去看標價牌，那上面就是寫三十九分錢。

「這下她徹底被惹毛了：『誰管標價牌上寫多少，本來就是四十九分錢，你看，我今天拿到的價目表就是這樣寫的，是店裡不知道誰搞錯了。你就是要付四十九分錢。』

「我對她解釋說，我選火雞的唯一理由就是因為它賣三十九分錢。如果標價上寫的是四十九，我就會選其他菜了。

「她回答我『反正你付四十九分錢就對了』。我付了，因為我不想站在那裡把場面鬧大，但我立刻決定再也不去這家餐廳。我一年花的午餐費大約是兩百五十美元，他們絕對一毛也賺不到。」

這就是眼界狹隘的例子：那位收銀員只看見微薄的十分錢差價，而不是潛在的兩百五十美元。

3. 視而不見的牛奶送貨員。

令人驚訝的是，有時候人就是看不見未來的潛力。幾年前，一名年輕的牛奶送貨員登門拜訪，希望爭取我們家跟他訂牛奶。我跟他說我們已經有訂牛奶，也頗為滿意，建議他去跟鄰居太太談談。

他說：「我已經跟鄰居太太談過了，但他們家兩天只喝一夸脫，這樣要我配送到這裡實在不划算。」

「也許吧，」我說：「但你跟鄰居談的時候，難道沒發現他們家對於牛奶的需求再過一個月左右就會大幅提高？那家人就要迎來新生命了，到時會需要大量牛奶。」

年輕人看似大受震撼，說：「一個人能夠多視而不見啊？」

如今那家人仍跟這位有遠見的送貨員訂牛奶，原本每兩天只需要一夸脫，現在每兩天就買七夸脫。他們第一胎生了兒子，後來又添了兩個弟弟、一個妹妹，我聽說很快就要迎來另一個孩子了。

一個人能有多視而不見？不要只看現狀，要看未來的可能。

現在的吉米或許是個不懂禮貌、怕生、沒教養的小鬼，如果學校老師只看見現在的吉米，絕對不會用心栽培他。但如果老師不只關注吉米的現狀，而是看見他的潛力，就能培養出一個優秀的人才。

許多人開車經過貧民區，只看見爛醉如泥、萎靡不振的無賴漢；一些有志於貢獻社會的人在那裡卻會看見改過自新的居民，也正因他們看見了，才能成功幫助許多人。

4. 是什麼決定了你的價值？

幾個禮拜前，一名年輕人在訓練課程結束後來找我，問我是否能跟他談幾分鐘。這個年輕人今年大約二十六歲，我知道他小時候資源極其匱乏，成年之初又遭逢許多變故；我還知道，他非常努力想爭取光明燦爛的未來。

我們喝著咖啡，迅速解決了他遇到的一些問題，接著聊起名下沒有多少財產的人該用什麼態度面對未來。他給了個清楚直接、合情合理的答案。

「我銀行戶頭的存款不到兩百美元，當計費員的薪水不高、職位也低，我的車已經開四年了，跟妻子住在狹小的公寓二樓。

「不過教授，」他繼續說：「我已經下定決心，不讓我缺少的事物阻礙自己。」

這話很有意思，所以我請他進一步闡述。

「是這樣的，」他接著說：「最近我常常分析別人，注意到一件事。匱乏的人只會看見當下的自己，其他的什麼也看不見。這樣的人只能看見悲慘的此刻，卻看不見未來。

「我的鄰居就是個好例子，他一天到晚抱怨薪水低、水管老是堵塞、別人走了什麼好運、帳單越積越多；他常常提醒自己他很窮，導致他認為自己會永遠這麼窮下去，表現得好像他注定下半輩子都得住在這個破公寓。」

我這位朋友非常坦白地說出內心想法，沉默了一會之後又說：「現在的我開舊車、收入低、住便宜的公寓、每餐只吃漢堡，如果我只看這個當下的自己，也會禁不住氣餒。要是我只看見一個無名小卒，那我下半輩子就真的只會是個無名小卒。

「我決心把自己當成幾年之後想成為的人。我眼中的自己不是計費員，而是主管；我看見的不是破舊公寓，而是位在郊區的全新好房子。用這種眼光看待自己讓我覺得自己重要多了，思考的格局也更大，而且我有很多親身經驗能證明這個做法有很多好處。」

這個提升自我價值的計畫不是很棒嗎？這個年輕人正高速邁向美好人生，因為他掌握了成功的基本法則：**一個人擁有什麼並不重要，打算爭取什麼才是最重要。世界在我們身上標的價錢，就是我們給自己標的價錢。**

各位可以用以下幾個方法來練習不要只看見現狀，而是看見未來的可能。我把這幾種方法稱為「增加價值」練習。

1. 練習為事物增加價值。

記住那位房地產仲介的例子，問自己：「我能用什麼方法替這個房間、房子或行業『增加價值』？」尋找能讓事物更有價值的點子，無論是一塊空地、一棟房屋或一個產業，你所想到的點子越好，這件事物的價值就越高。

2. 練習為他人增加價值。

隨著你在成功之路上越爬越高，你的工作中涉及人才培養的部分也會越來越多。問自己：「我能用什麼方法增加下屬的價值？我可以怎麼幫助他們提升成效？」切記，想激發一個人最好的一面，就必須先看到對方最好的那一面。

3. 練習為自己增加價值。

每天跟自己面談，問自己：「我今天能用什麼方法來增加自己的價值？」看見自己未來的潛力，而不只是當下的自己，那麼增加自己潛在價值的具體方法自然會浮現。試試看就知道了。

有個人曾在一間中型印刷公司（六十位員工）擔任老闆兼經理，現已退休，他對我解釋自己的接班人是怎麼選出來的。

「五年前，」我朋友開口說道：「我想找一位會計師主掌財務和日常行政，於是雇用一個叫哈利的人，當時他才二十六歲，對印刷業務一無所知，但從經歷看來他是個優秀的會計。結果在我一年半前退休時，他已當上了公司總裁兼總經理。

「如今看來，哈利之所以勝過別人是因為一個特質。他不會只想做開支票、記帳的工作，而是真心對整個公司的運作感興趣，也會主動參與。每當他想到幫助其他員工的辦法，都會立刻放手去做。

「哈利進公司的第一年，我們有幾位員工離職。哈利擬了個員工福利計畫來找我，說這麼做只要付出低廉的成本就能降低流動率，結果真的有用。

「哈利還做了其他許多事情，受益的不只是他的部門，更是整個公司。他仔細研究生產部門的成本，告訴我花三萬美元投資新機器會為公司帶來好處。有次我們業績大跌，哈利去找業務經理談，意思差不多是：『我對公司的業務端了解不多，但我想幫忙。』他也確實幫上了忙，想出幾個好點子讓我們接到更多單。

「有新員工加入的時候，哈利會主動協助對方適應環境。他是真心在乎整個公司。

「在我退休的時候，讓哈利接班是唯一合理的決定。

「但不要誤會，」這位朋友接著說：「哈利不會說假話騙我，他不是只會愛管閒事的人，他不會過度干涉到讓人不舒服，不會在背後捅別人一刀，也不會到處發號施令。他只是向旁人伸出援手而已。他之所以採取行動，純粹是覺得公司裡的一切都會對他產生影響，他認為公司的事就是自己的事。」

我們都能從哈利身上學到一課。「把自己份內的事做完就好」的這種心態，是眼界狹隘的負面思考。懂得 Think big 的人視自己為團隊的一分子，而不只是單打獨鬥，團隊的輸贏就是自己的輸贏，所以即便不會立刻獲得直接的回報，依然想盡辦法能幫就幫。若是一個人對不屬於自己部門的問題冷眼旁觀，說：「喔，那跟我沒關係，讓他們去煩惱吧。」這種人顯然缺乏高層領導人該有的精神。

請練習這種態度。練習大格局的思考，把公司的利益視為自己的利益。在大公司中，無私、真心關切公司的人大概只有幾個，說到底，懂得 Think big 的人畢竟比較少，但這些少數人最終都會獲得職責最重大、收入最優渥的職位。

許多人儘管極具潛質，卻讓狹隘、瑣碎、微不足道的事物阻擋自己獲得成就。以下是四個例子。

1. 如何讓演講打動人心？

幾乎人人都希望自己能在大眾面前發表一流演說，但多數人都未能實現願望，大部分的人在公開場合都演講得很差。

為什麼？原因很簡單：多數人都執著於無關緊要的小細節，結果忽略了真正重要的部分。在準備演說時，大部分的人都在內心對自己下一堆指令，比如「記得不要駝背」、「不要走來走去，不要亂揮手」、「不要讓觀眾發現你在看稿」、「千萬不要亂用成語，不要咬字不清」、「領帶要拉正」、「講大聲一點，但不要太大聲」……沒完沒了。

這樣一來，演講者上台發表時會發生什麼事？他會嚇得要命，因為他列舉了一堆自己不能做的事情。演講中途他會被自己搞糊塗，默默自問：「我剛剛是不是犯了個錯？」簡單說，他是徹底搞砸了。他之所以搞砸，原因是他只看見優秀演說家身上比較無足輕重的枝微末節，卻沒留意到成為優秀演說家最重要的條件：熟知自己要講的主題，而且極其渴望向他人傳達。

對講者而言，真正的考驗不在於他是否駝背、是否犯了語法錯誤，而在於聽眾是否了解他想傳達的重點。大部分一流演說家都有些小缺陷，有的人甚至連嗓子都不怎麼好聽。在美國最受歡迎的幾位講者要是去上演講課，學那套「不要這樣、不要那樣」的傳統負面演講法，八成都會被當掉。

然而，成功的演說家都有個共通點：他們想要傳達某個道理，而且萬分渴望說給別人聽。

不要因為擔心枝微末節的小事，害得自己沒辦法發表成功的演講。

2. 為什麼會起口角？

有沒有想過，為什麼人跟人會產生口角？百分之九十九的口角都源自於無關痛癢的瑣事。舉例來說，約翰回到家時覺得有點疲累、有些煩躁，而晚餐菜色不合胃口，於是擺臉色抱怨起來。瓊安這天也不太順遂，於是辯解道：「買菜錢就那麼一點，不然你想怎樣？」或是「如果我跟大家一樣有新的爐子，搞不好就會煮得更好吃。」這句話傷了約翰的自尊，便反擊道：「問題不在於錢不夠，而是妳不懂怎麼持家。」

他們就這麼吵了起來，在終於停戰之前，雙方抛出各式各樣的謾罵責備：彼此的家人、床事、財務、婚前婚後的承諾，以及各種問題都被牽扯進來。休戰後，兩人都焦躁緊繃，什麼也沒吵出個結果，徒然讓雙方手中多了新的彈藥，使下次爭吵更加激烈。枝節小事、小家子氣的思維會引發爭執，如果想消除口角，就得消除眼界窄小的思維。

在此提供一個有用的技巧：在抱怨、怪罪、責備某人，或為了自衛而回擊之前，先問問自己：「這件事真的重要嗎？」多數時候都不重要，衝突就此避免。

問你自己：「他／她沒收拾碗盤、忘記蓋上牙膏蓋，或晚回家，真的那麼重要嗎？」「他／她多花了點錢或邀請我不喜歡的人來，真的那麼重要嗎？」

在你想做負面行為時，先自問：「這真的重要嗎？」這個問題能發揮奇效，可以幫助你營造和諧的家庭氛圍，在職場上、開車遇到另一個駕駛超車時、在生活中碰到任何可能導致口角的場合，這招都能發揮效用。

3. 約翰分配到最小的辦公室，最終黯然走人

幾年前，我見證一個年輕人對於分配到的辦公室產生眼界狹小的思維，就這麼斷送自己在廣告業的大好前途。

有四名職階相等的年輕主管搬進新辦公室，其中三間辦公室的大小和裝潢都相同，但第四間比較小，裝潢也沒那麼好。

被分派到第四間辦公室的是約翰，他的自尊心大受打擊，立刻覺得自己是被瞧不起。負面思考、憤恨、怨怒、嫉妒越演越烈，約翰開始自覺不如人，結果對那幾位主管同仁的態度越來越不友善，不但不合作，反而想盡辦法扯他們後腿。事態越來越糟，三個月後，約翰的表現變得奇差無比，高層不得不請他走人。

對於一件小事的狹窄思維斷送了約翰的未來。約翰一下子認定自己被瞧不起，卻沒想到公司是由於急速擴張導致辦公室空間不夠用。他沒考慮到，分配辦公室的高層主管搞不好根本不曉得哪間最小！除了約翰之外，公司裡沒一個人認為辦公室代表他的價值。

看到自己的名字列在流程表的最後、在意自己收到的通知是用寫的……諸如此類的狹隘思維可能反而會傷害自己。請用大格局的方式思考，這種小事就再也阻礙不了你。

4. 就算結巴也不要緊

一位業務主管告訴我，如果一個業務員具備真正重要的特質，就算說話結巴也無所謂。

「我有個朋友也是業務主管，很喜歡惡作劇，不過有時候這些惡作劇讓人笑不出來。幾個月前，有個年輕人打電話給我這位喜歡捉弄人的朋友，想要爭取面試業務員的工作，可是這年輕人口吃得很嚴重，我朋友聽了馬上決定要捉弄我，便告訴那位口吃的求職者他目前不缺業務員，但他知道有人正在找業務員（那人就是我）。然後他打電話給我，把那位年輕人吹捧得天花亂墜。我壓根沒發現不對勁，就說：『立刻請他過來！』

「三十分鐘以後他走進來，才說不到三個字，我就明白為什麼我朋友急著叫他來找我。他說：『我我我是傑傑傑克，X先生讓我我我過過過來跟你面面面試。』他幾乎每個字都說得很吃力。我心想：『這個人就算去華爾街把一元鈔票打九折賣，也絕對賣不出去。』我很氣我朋友，但我真心為這個年輕人難過，我想我起碼可以問他幾個禮貌的問題，然後想個我不能用他的好理由。

「但是我們談下去之後，我發現這個人不是什麼傻子。他非常聰明，應對得宜，但我還是沒辦法忽視他口吃這一點。最後我決定用一個問題來收尾：『你為什麼覺得自己能當業務？』

「『這個嘛，』他說：『我學習速度很很很快，我我我喜歡人，我我我覺得你們是是是間好公司，而且我我我想賺錢。我我我確實有有有語言障障障礙，但我我我不覺得困困困擾，那其他人為為為什麼要困擾？』

「他的回答顯示他具備當業務員所需要的每個重要特質，我當下就決定給他一個機會。結果你知道嗎？他表現得很好。」

在這種注重說話才能成功的行業，只要具備最重要的特質，連言語障礙都只是小事。

別讓小事阻礙你 Think big

請練習以下三個步驟，培養應對瑣事的思維：

1. 專注於大目標上。

有的業務員在推銷失敗時，會這麼向主管回報說：「雖然我沒賣出去，可是我有跟客戶說他錯了。」但業務員的大目標是成交，不是辯贏客戶。很多時候，我們都會犯這樣的毛病。

婚姻的大目標是維持平靜、幸福、安寧，而不是吵贏對方，也不是說「我早就告訴你了」。

用人的大目標是激發員工的完整潛力，不是挑剔他們的小缺失。

和鄰居相處的大目標是相互尊重、建立友誼，不是因為他們養的狗有時會叫上一整晚，於是想方設法叫他們把狗關起來。

套用常在軍中聽到的一句話：相較於贏得一次戰役卻輸掉整場戰爭，不如輸掉一次戰役卻贏得整場戰爭。

切記，把目光鎖定在大事上。

2. 問自己：「這件事真的重要嗎？」

在被負面情緒掌控前，先問自己：「這件事有重要到讓我這麼激動嗎？」如果想免於為雞毛蒜皮的事沮喪，這是最好的靈藥。面對棘手的處境，只要自問：「這真的很重要嗎？」起碼有九成的口角跟爭執都不會發生。

3. 不要落入瑣事的陷阱。

發表演說、解決問題、輔導員工時，想想哪些事才是真正有意義，哪些事真的能帶來改變。不要糾結於表面的小問題，請專注於重要的事情上。

測驗自己的思考格局

下表列出幾種常見情境，中間和下欄則是比較眼界狹小的人和 Think big 的人如何看待同一種處境。請測試自己是哪一類人，然後想想：思維狹小跟 Think big，哪一種能幫自己實現目標？

情況都一樣，應對方式卻大大不同，端看各位自己怎麼選擇。

情況	思維狹小的做法	Think big 的做法
報帳	想辦法濫用報帳來增加收入	想辦法賣出更多產品來增加收入
談話	聊朋友、環境、公司、競爭對手的負面特質	聊朋友、公司、競爭對手的正面特質

發展	認定會裁員，頂多就是維持現狀	相信會擴編
未來	眼中的未來充滿侷限	眼中的未來充滿希望
工作	想辦法迴避工作	想辦法做更多事，尤其是幫助別人
競爭對手	和一般對手競爭	和一流對手競爭
預算問題	刪減必要項目來減少開支	設法增加收入，購買更多必要項目
目標	訂定很低的目標	訂定很高的目標
願景	只看短程	一心想著長遠目標
安穩	整天擔心安穩問題	認為安穩自然會伴隨成功而來
朋友	只跟眼界狹小的人相處	身邊充滿眼界開闊、思維進步的人
錯誤	把小錯放大成大問題	後果不需要計較的小錯誤就忽略

練習 Think big 的 5 種方法

切記，Think big 對自己處處有益！

1. 不要低估自身的價值。

克服自我貶抑的定罪，專注於自己的優勢，你比你以為的還要優秀。

2. 運用 Think big 的詞彙。
多運用大器、明亮、愉快的詞彙。使用暗示勝利、希望、快樂、愉悅的詞彙；避免會使人聯想到失敗、挫折、悔恨的用詞。

3. 拓展視野，看見未來的可能性，而不只是眼前的現狀。
練習為事物、他人和自己增加價值。

4. 用大格局的視角看待自己的工作，真心認為自己當下的職務很重要。
你下次能升上什麼職位，取決於你如何看待當下的工作。

5. 不要拘泥於枝微末節，把心思聚焦在大目標上。
在涉入無關緊要的小事之前，先問自己：「這真的重要嗎？」

善用 Think big，未來無可限量！

第五章

如何發揮創意來思考與擁有夢想

HOW TO THINK AND DREAM CREATIVELY

先澄清一個關於創意思考的常見謬誤。出於某種毫無道理的原因，世人多半認為只有科學、工程、藝術和創作稱得上揮灑創意的職業。大部分的人都覺得發現電流或疫苗才叫創意思考，要不就得寫本小說或是研發彩色電視。

無庸置疑，諸如此類的成就都是創意思考的證明。在征服太空的過程中，前進的每一步都是大量創意思考的成果。可是，創意思考並不是特定職業的專利，也不是只有絕頂聰明的人才能做到。

那麼，創意思考究竟是什麼？

一個收入有限的家庭擬定計畫，送孩子進入頂尖大學，這就是創意思考。

一家人把整條路上最不吸引人的那塊地打造成社區中的漂亮景觀，這就是創意思考。

一位課程講師想出方法讓報名上課的人數翻倍，這就是創意思考。

簡化記帳、讓「不可能購買」的顧客買單、讓小孩做有趣的事免得無聊、讓員工真心喜愛自己的工作、避免某一場爭執——這些例子都是日常生活中的實用創意思考。

創意思考純粹是指找出更好的新方式來做任何事情。無論是在家庭、在職場、在社區，是否能獲得成功、收到成效，都取決於找到更好的做事方法。本章就來談談我們能夠採取什麼做法，培養並強化創意思考的能力。

相信自己做得到，大腦會幫你找到方法

第一步：相信自己辦得到。告訴各位一個無可動搖的事實：不管要做什麼，都必須先相信自己有辦法做到。相信一件事能夠辦得到，會促使心智主動找出可以辦到的方法。

為了在訓練課程中闡述這個關於創意思考的概念，我經常用以下的例子。我會問學員：「有多少人覺得監獄在未來三十年有可能會被廢除？」

學員無一例外都會面露不解，以為自己聽錯了，或以為我腦袋有問題。於是我暫停片刻，重複道：「有多少人覺得監獄在未來三十年有可能會被廢除？」

發現我不是在開玩笑之後，總會有人大聲反駁：「你是想把那些殺人犯、小偷跟性

侵犯都放出來嗎？你知不知道這會有什麼後果？我們都會陷入危險！絕不能廢除監獄。」

接著其他人也你一言我一語說：

「要是沒有監獄，社會就沒有秩序了。」

「有些人天生就是罪犯。」

「別說廢除了，我們還需要更多監獄呢。」

「你有看到今天早上關於那個謀殺案的報導嗎？」

學員說個沒完沒了，告訴我各種非有監獄不可的好理由，甚至有人說為了不讓警察跟獄警失業，所以一定要有監獄才行。

學員花了十分鐘「證明」為什麼對監獄的需求不會消失，接著我對他們說：「容我告訴各位，我提出這個關於廢除監獄的問題是為了說明一個道理。

「你們每個人都說了監獄不能廢除的理由。能不能幫我個忙，花幾分鐘想辦法試著相信我們有辦法廢除監獄？」

學員被我激起實驗精神，說：「喔，好吧，試試看也無妨。」然後我問：「假設能夠廢除監獄，我們該從何下手？」

起初，學員過了好半晌才提出意見。有人遲疑地說：「嗯，如果多成立幾個青少年中心，或許能降低犯罪率。」

不久，十分鐘前仍強力反對廢除監獄的這群學員開始全心投入討論。

「設法消除貧窮，因為大部分犯罪的起因都是收入低。」

「展開研究，在有人犯罪之前找出潛在的罪犯。」

「研發醫療方式來治療特定種類的罪犯。」

「訓練執法人員了解正面的矯治手段。」

我總共記錄了七十八項有助於廢除監獄的具體想法，以上只不過是其中幾條而已。

只要相信，你的心智就會找出實踐的方法。

這個實驗讓我們學到一課：要是你相信某件事不可能實現，心智就會替你證明為什麼不可能。但**只要你真心相信某件事可能實現，心智就會發揮作用，幫你找到實現的方法。**

相信一件事能辦到，是發揮創意找出解決方式的第一步；相信一件事辦不成的思維則會招致損害。這個道理適用於任何大大小小的情境：如果政治領袖無法真心相信世界能夠和平，那國際間注定無法和平，因為他們無法發揮創意想出帶來和平的方法。如果經濟學家認定產業蕭條無可避免，他們就不會想到有創意的方式來克服景氣循環。

同理，只要相信自己辦得到，你也能找到方法來喜歡一個人。

只要相信自己辦得到，就能找到解決個人問題的辦法。

只要相信自己辦得到，就會有法子買下更大的新房子。

相信能釋放創意的力量，拒絕相信則會成為阻礙。

只要相信，你就會開始用對自己有益的方式思考。

放手讓心智發揮，心智就會創造解決辦法。兩年多前，有個年輕人請我協助他找到更有前景的工作。他在一間公司的徵信部門當專員，覺得未來沒什麼發展。我們討論了他的經歷、想做哪方面的工作，對他有一些了解之後，我說：「我非常佩服你想要力爭上游，尋找更好的工作、升到更高的職位，不過你想要的工作現在都需要有大學文憑才有機會爭取。我注意到你已經讀了三個學期，容我建議你把大學念完，去讀暑期學分班的話兩年就能畢業，之後我想你一定能在理想的公司拿到理想的職位。」

他答道：「我知道大學文憑會有幫助，可是回學校讀書根本不可能。」

「不可能？為什麼？」我問。

「這個嘛，」他開始解釋：「首先我已經二十四歲了。再來，我太太過幾個月就要生第二胎，光是靠我現在的收入就已經撐得很辛苦了，我還得保住飯碗，一定沒時間念書。總之我怎麼想都覺得不可能。」

這位年輕人真心相信自己不可能念完大學。

於是我對他說：「要是你認為自己不可能把大學讀完，那就真的不可能。同樣的道理，要是你相信自己有辦法回學校念書，自然會想到解決之道。

「我希望你做一件事。下定決心回學校念書，讓自己腦中充滿這個念頭，然後拚命思考有什麼辦法能讓你一邊養家，一邊達成目標。過幾週後再回來找我，說說你想到什麼點子。」

兩個星期後，這位年輕的朋友回來找我。

「我認真想了想你說的話，」他開口道：「我決定要回學校念書。我還沒把所有的問題想清楚，但我會找到解決辦法的。」

他真的辦到了。

他取得一間同業公會提供的獎學金來支付課本和學雜費，又配合課表重新安排工作時程表。由於他的熱情，加上未來的生活有機會變得更好，他獲得妻子的全力支持，兩人一同發揮創意，找到更有效益運用時間、撙節開支的方法。

上個月他終於完成學業，這個月進了一間大公司當儲備幹部。

有志者，事竟成。

相信辦得到，這是創意思考的基礎。以下提供幾個建議，幫助各位透過信念來培養創意的力量：

1. 在你思考和言談裡所用的詞彙庫中，請摒除「不可能」這個詞。**「不可能」這三個字是招來失敗的詞彙**，「不可能辦到某件事」的念頭會引發一連串思緒來證明自己想的沒錯。
2. 想出一件你想做很久卻認為辦不到的事，接著列出自己能辦到的原因。很多人之所以壓抑、消滅自身的渴望，純粹是因為內心一味想著辦不到的理由，殊不知**我們只該把心力花費在思考辦得到的原因上**。

最近我讀到一篇文章，文中表示大多數州所涵蓋的郡都太多了。文章指出，現有的郡界大多是在汽車發明前好幾十年建立的，當時的主要交通方式還是馬和馬車，不過如今道路發達、汽車行駛快速，沒道理不把三到四個郡合併起來，這麼做能大幅削減冗餘的行政服務，讓納稅人花更少的錢獲得更優質的服務。

本文作者說，他自以為想出了絕佳的點子，於是隨機訪談了三十人，想知道大家的反應。結果呢？即便這麼做既能減少成本，又能提升各地政府的效率，依然沒一個人認為這個點子值得付諸實行。

這就是傳統思考的例子。一個人若是習於傳統思考，心智便會麻木僵化，他會說服自己：「幾百年來都是這樣啊，所以這麼做一定沒問題，維持這種做法最好，為什麼要冒險改變？」

「平庸」的人總是痛恨進步。汽車問世時有許多人反對，理由是我們理當走路或使用馬匹才能與大自然共處；飛機問世時，許多人覺得這種交通工具過於激進，人無權侵犯「只屬於」鳥類的領域；至今還有不少人覺得「現在這樣就很好」，堅稱人類不需要探索太空。

一位頂尖的火箭專家最近說了一句話，恰好能反駁這種思路，這位馮．布朗博士是如此說的：「人類想去哪裡，哪裡就是人類的歸屬。」

二十世紀初，一名業務主管發現了一個銷售管理的「科學」原則，這個概念廣受關注，甚至被列入教科書。這個原則就是：販售產品一定有個最好的方式，應該把最佳方式找出來，然後永遠照同一種方式做。

好在這間公司後來及時換了新的管理層，才免於陷入財務危機，對這間公司而言實屬萬幸。

杜邦公司是美國最大企業之一，董事長克勞弗・葛林華特的想法恰恰與上述原則相反。有一回他到哥倫比亞大學演講時說：「要把工作做好有很多方式——其實，有幾個人做事，就有幾種方式。」

實際上，做任何事都沒有所謂的最佳方法。不管是室內裝潢、打理陽台、達成交易、撫養兒女、做菜，所謂最好的做法全都不存在。懂得創意思考的人有多少，好方法就有多少。

冰塊裡不可能長出東西來，要是心靈被傳統思維給凍結，新點子就無法萌生。快試試這個小測驗：對某人提出以下其中一個點子，觀察對方的反應。

1. 長期由國家管理的郵政系統應該民營化。
2. 總統選舉應該每兩年或六年辦一次，而非四年。
3. 店家的營業時間應該改成下午一點到晚上八點，而非上午十一點到晚上九點半。
4. 退休年齡應該提高到七十歲。

這些點子是否合理或務實並不重要，重點在於對方如何面對諸如此類的提案。假如對方聽了大笑（大概有九成五的人聽了都會笑），壓根不認真細想，那麼此人的心智有可能已經因傳統的思維而麻木了。但是，假如剩下的人會說：「聽起來挺有意思，你說說看。」表示這些人的心智依然保有創意。

如果想要發揮創意、實踐專屬於你的成功計畫，那麼傳統思維將會是你的頭號大敵。傳統思維會令頭腦僵化，阻礙進步，阻止強化創意的力量。對抗傳統思維的方法有三種：

1. 接納不同的想法，歡迎新點子。

摧毀以下這些會趕走不同想法的念頭：「沒用的」、「不可能」、「沒辦法」、「太蠢了」。

我有位事業有成的朋友在保險公司擔任要職，他曾告訴我：「我稱不上是保險業最厲害的人，但我應該是這一行吸收力最強的海綿，我總是盡可能吸取所有好點子。」

2. 當個富有實驗精神的人，打破既定的常態。

例如光顧新的餐廳、讀一本新書、去新的商場、結交新的朋友；挑一天走不同的路線去上班；今年去不同的地方度假；這週末做點不同的新鮮事。

如果你的工作內容是經銷發行，那就花點心思了解製作、會計、財務和其他相關的部分，這麼做能拓展自己的視野，讓你準備好承擔更重大的職務。

3. 追求進步，不要退化。

不要說：「我前公司就是這麼做的，所以在這邊我們也該照同樣的方式做。」而是要說：「該怎麼做得比我前公司更好？」請拒絕每況愈下的退步思維，採取前瞻、進步的思維。不要因為你小時候會五點半起床送報紙，就認定自己孩子也非照著做不可。

想想看，萬一福特汽車的管理層心想：「我們今年打造了終極汽車，往後不可能有更厲害的車了，所以我們即刻就應該永久終止一切工程研發和設計。」那福特汽車會發生什麼事？若是抱持這種心態，連福特汽車這個龍頭老大都會迅速凋零。

一如成功的企業，成功人士也會不斷探問：「我要怎麼改善工作成效？我該怎麼做得更好？」

無論是建造太空梭或是養兒育女，人類的每個壯志宏圖都不可能做得無懈可擊，這代表進步永無止境。成功人士很清楚這個道理，因此總是尋找更好的方法。（請注意，成功人士絕不會問：「我能不能做得更好？」因為他們很清楚自己能夠做到。他們會問的是：「我該怎麼做得更好？」）

有位我教過的學生幾個月前開了第四間生活百貨商店，當時她入行不過四年。由於這位年輕小姐一開始投入的資本只有三千五百美元，其他店家的競爭又相當激烈，加上她在這一行經營的時間相對較短，所以這份成績堪稱相當亮眼。

新店開幕後不久我便前去光顧，恭喜她取得如此傲人的進展。

我婉轉地問她，大部分人光是經營好一家店就夠難了，她是怎麼成功經營了三家店，還開了第四間？

她答道：「我當然工作得很賣力，不過光是從早到晚工作是沒辦法開四間店的，畢竟做這行的人大部分都很努力。我認為自己成功的主因在於我設計了『每週進步計畫』。」

「每週進步計畫？聽起來很厲害。內容是什麼？」我問。

「嗯，其實一點也不複雜，」她繼續說：「這個計畫純粹是為了輔助我在新的一週把工作做得更好。

「為了讓自己的思維保持在追求進步上頭，我把工作內容分成四大項目：顧客、員工、產品和行銷。在一整個星期當中，我會記下有可能讓生意更好的點子。

「然後在每週一早上，我會空出四個小時來回顧我記下的想法，思考該怎麼把可行的點子應用在生意上。

「在這四個小時當中，我會逼自己好好審視自己的整個事業。我不會只是空等更多顧客上門，而是會自問：『該怎麼做才能吸引更多顧客？』『該怎麼培養忠實的常客？』」

她接著說明她採取哪幾種創新的小措施，讓前三間店大獲成功。比如在店裡陳列商品的方式；善用建議促銷法，讓顧客購買本來進店時不打算買的商品，在每三位客人中能打中兩位；許多客人由於一次罷工而沒有工作，於是她設計了新的付款方案；在淡季時設計一場活動來拉抬業績。

「我問自己：『我該怎麼讓商品賣相更好？』然後就會想到點子。我用一個案例來說，四個星期前，我想到應該設法讓更多小孩想進來我店裡，我認為店裡如果有東西吸引小孩進來的話，等於就會有更多家長一起進來。我不停思考這件事，然後靈光一閃：鎖定四到八歲的小孩，陳列更多用硬紙盒包裝的小玩具。這招果然有效！那些玩具占不了多少空間，卻讓我賺進不少利潤，但最重要的是它們為店裡帶來更多人潮。

「相信我，」她接著說：「每週進步計畫真的有用。只要認真問自己：『我該怎麼做得更好？』我就會找到答案，每個星期一晚上，我幾乎都會想到讓店裡損益表變得更好看的計畫或技巧。

「關於商品銷售我還學到另一課，我覺得每個想創業的人都該知道。」

「是什麼？」我問。

「很簡單：重點不在於你起步時懂多少，而是在於你開店之後學到多少，又把多少學以致用。」

能夠取得輝煌成就的人，會持續為自己和他人設下更高的門檻、尋找提升效率的方法、用更低的成本達成更高績效、花更少的力氣做更多事。**極致的成功只會找上認為「我能做得更好」的人。**

通用電氣的宣傳標語是「我們最重要的產品是進步」。

何不把進步當成自己最重要的產品呢？

「我能做得更好」的人生哲學將會發揮奇效。當你自問：「我該怎麼做得更好？」就會釋放出創造力，把事情做得更好的方法便自然會湧現。

以下這個日常練習，可以幫助各位培養「我能做得更好」的心態與力量。

每天開始工作前，花十分鐘思考：「我今天該怎麼把工作做得更好？」自問：「我今天能怎麼激勵員工？」「我能用什麼方式關照客人？」「我可以怎麼提升自己的效率？」

這個練習簡單卻有效。試試看，你就會找到無窮的創意點子，讓你更加成功。

一個人能做多少事是取決於心態

每次我跟太太一起和某對夫妻出遊，談話之間總會聊到「職業婦女」。S太太結婚前曾工作幾年，她真心喜歡工作。

「不過，」她會這麼說：「現在我有兩個要上學的小孩，又要顧家跟準備三餐，實在是沒時間工作了。」

後來有個星期天早上，S太太一家出了車禍。S太太跟小孩僥倖未受重傷，但S先生背部受傷，導致他終身殘疾，這下S太太別無選擇，只好重返職場。

車禍後幾個月，我們驚訝地發現她對新工作適應得很好。

她說：「你們知道嗎?半年前，我作夢也想不到自己有辦法一面顧家一面全職工作，可是發生車禍後，我決心要擠出時間。相信我，我的效率足足提升一倍，我發現我以前會做的很多事根本不需要做，也發現孩子能幫忙，也樂意幫忙。我找到好幾十種節省時間的方式，比如少買幾次東西、少看電視、少講電話，少做那些容易浪費時間的事。」

這個故事告訴我們：一個人能做多少事取決於心態。**我們能做多少事，端看我們認為自己做得了多少。當你真心相信自己能做更多，心智會發揮創意，為你指點明路。**

一名年輕的銀行主管說了一個關於「能做多少事」的親身經驗。

「銀行裡的另一位主管倉促離職，導致我們部門陷入尷尬的處境。離職的同事擔任重要職位，他負責的事務不能耽擱，一定要有人做才行。

「他離職隔天，負責我們部門的副總經理把我叫進去，解釋說他已經分別徵詢過我們組裡另外兩個人是否願意分擔離職同事的工作，等找到人接手為止。副總經理說：『他們都沒有直接拒絕，但兩人都說現在光是自己手上趕著要做的工作就忙不過來了。我想問你有沒有辦法暫時承擔一部分業務？』

「我在職涯中學到一件事：如果眼前似乎有機會來敲門，回絕的話絕對沒好處。於是我答應下來，承諾盡力處理所有沒人負責的工作，同時繼續執行我原有的工作。副總經理聽了很高興。

「走出辦公室時，我心知自己攬下一份不得了的工作。其實我跟部門另外兩個躲掉額外工作的人差不多忙，但我鐵了心要找到兼顧兩份職務的方法。我處理完那天下午的工作，在大家都下班之後，坐下來思考怎麼提升做事效率。我拿起筆，把想到的每個點子寫下來。

「你知道嗎，我想到好幾個不錯的主意，像是請祕書把會打給我的例行電話集中安排在每天的特定時段，把我要撥的電話也集中在特定時段，例會的時間從十五分鐘縮減到十分鐘，每天一次處理完要交代給祕書寫的信件。我也發現祕書可以代我處理掉不少很耗時間的小事，也很樂意這麼做。

「我在原有的職位上已經兩年多，老實講，我很訝異自己做了這麼多沒效率的事。

「不到一個禮拜，我交代給秘書的信件是先前的兩倍，處理的電話數量、參加的會議都增加了一半，而且做起來毫不吃力。

「又過了幾週，副總經理叫我進去，稱讚我做得很好。接著他說他評估了幾個人選，銀行內外部的人都有，可是還沒找到適合的人。他坦白告訴我，他已經徵求銀行執行委員會的許可，委員會同意讓他合併兩份職務交給我，並且為我大幅加薪。

「我向自己證明了，我認為自己做得了多少事，就能做到多少。」

可見一個人能做到多少事確實取決於自己的心態。

在步調快速的產業界似乎天天都會發生這樣的事：老闆把一位員工叫進去，對員工說有個非做不可的特殊任務，接著說：「我知道你工作繁忙，但這件事能不能交給你？」員工往往回答：「真的很抱歉，可是我已經無法負荷。我也希望有辦法接下這個工作，但我實在忙不過來了。」

在這種情況下，老闆不會覺得員工有錯，因為這本來就是「份外的工作」。但老闆知道這件事一定要做，所以會不斷尋找，直到有個跟其他人一樣忙卻願意承擔更多工作的員工出現，這個員工就會是那個往上爬升的人。

無論在職場、在家中、在社群，成功的公式就是「把你能做的事情做得更好」（提升產出的品質），加上「做更多自己能做的事」（增加產出的數量）。

你也認為做得更多、更好會帶來更豐厚的回報嗎？如果是，不妨試試下面這兩個步驟：

1. 遇到要做得更多的機會，請積極承擔。

假如有人詢問你是否能承擔更多工作，那是對你的稱許。接下更大的職務會使你更出類拔萃，讓人明白你更有價值。要是鄰居請你代為處理公共事務，請痛快接受，這有助你成為社群中的領袖。

2. 接下來，集中精神思索：「該怎麼做更多？」

有創意的答案自然會到來。答案也許是用更好的方式來規劃與安排現有的工作，或是聰明節省花在例行事務上的時間，也說不定可以乾脆捨棄不必要的事情；總而言之，容我再強調一次，讓你可以做更多的解決之道一定會出現。

我堅信一個概念，這也是我的個人準則：「如果想辦到什麼事，就把這件事交給大忙人去做」。假如是重要的案子，我絕對不跟空閒時間很多的人合作。我曾付出昂貴又慘痛的代價學到教訓：跟時間很多的人合作總是很沒效率。

在我認識的人當中，辦事能力強、事業成功的人都很忙。要是跟他們一起展開某個計畫或案子，我很清楚成果一定會讓人滿意。

有好幾十個案例讓我明白，放心把事情交給大忙人就對了；然而，跟逍遙清閒的人合作卻往往令我失望。

追求進步的企業管理者重視的是：「該怎麼擴大產能？」不妨這樣問自己：「我可

以用什麼方式擴大自己的產能？」你的心智會發揮創意，給出答案。

大人物喜歡傾聽，小人物愛碎嘴

我跟上百個職位高低各異的人會談過，發現到一件事：一個人越是重要，越會鼓勵你多說話；一個人越是無足輕重，越會對你說教。

大人物會盡己所能傾聽。

小人物會盡己所能說話。

也切記這一點：相較於給予意見，各行各業的頂尖領袖會花上更多時間徵求意見。一流人才在做決策前會先問：「你覺得如何？」「你有什麼建議？」「在這種情況下你會怎麼做？」「你聽了有什麼想法？」

這麼說吧，領袖就像一部人形決策機器。製造產品必須先有原料，充滿創意的決策所需的原料正是他人的點子和建議。當然了，不要期待別人會給你現成的解決方案，那並不是徵求、傾聽意見的主要原因。但他人的想法有助於激發你自身的靈感，讓你的頭腦更能發揮創造力。

最近我在一場高階管理研討會擔任講師，這個研討會共有十二堂課程，每堂課程當中有一個十五分鐘的重要環節，是要由其中一位高階主管發表「我如何解決自己最緊迫的管理問題」。

第五堂課輪到一間大型牛奶加工公司的副總經理，他做了一件與眾不同的事。他沒有告訴大家他如何解決問題，反而宣布他的主題是「急徵：協助我解決我最緊迫的管理問題」，然後簡明扼要地解釋問題是什麼，請學員提供解決的點子。為了確實記錄每個人提出的想法，他還請了一位人專門速記每個人說的內容。

稍後我跟他聊了一下，稱讚他這個別出心裁的做法。他回答：「這裡有些學員絕頂聰明，所以我覺得可以收集一些點子，搞不好有些人會點醒我該怎麼解決問題。」

請注意，這位主管說明了他遇到的問題，然後傾聽。傾聽不僅讓他得到有助於做出決策的原料，還有個附加的好處：台下其他主管也有機會參與，因此討論熱烈。

成功的企業會挹注大筆費用進行消費者研究，徵求大眾對產品口味、品質、尺寸和外觀的意見。傾聽別人的回饋能帶來讓產品銷售得更好的點子，也能讓製造商知道打廣告時該向消費者傳遞哪些關於產品的訊息。想要研發成功的產品，步驟就是盡可能徵求越多意見越好，傾聽會買產品的人有什麼回饋，然後設計能討這些人歡心的產品和行銷手法。

我最近在一間辦公室中注意到一句標語：「要推銷產品給一個人，就必須設身處地從對方的角度思考。」要設身處地為對方想，方法就是傾聽對方的意見。

耳朵就是你的進料閥門，負責把原料送進你的心智，轉化為創意的力量。說話無法讓我們學到任何資訊，但只要藉由詢問和傾聽，我們能學到的事物是無窮無盡。

請試試以下這個三步驟的練習，透過詢問與傾聽來增強自己的創意思考：

1. 鼓勵其他人說話。

無論是私人對話還是在多人的會議上，溫和地請別人多說一點，比如：「說說你在某方面的經驗……」「你覺得對這件事該採取什麼對策？」「你覺得關鍵在哪裡？」鼓勵他人說話，你將獲得雙贏：一方面你的心智得到了能激發創意的原料，另一方面也贏得了友誼。想讓別人喜歡你，沒有比鼓勵他們說話更好的辦法了。

2. 用問題的形式來測試自己的想法，讓其他人幫你把想法修改得更盡善盡美。

可以用這樣的說法：「你覺得這個建議如何？」不要自以為是，不要用高高在上的姿態宣布新點子。請先私下做點功課，看看親友有什麼反應。這麼一來，你很有機會得到更好的點子。

3. 專心傾聽別人說的內容。

傾聽不只是把你的嘴閉上，更要把別人的話好好聽進去。很多人只是假裝傾聽，但其實根本沒有聽，只是在等對方暫時停下來，然後逮住機會換自己講話。請專心傾聽對方在說什麼，加以評估，這就是獲取心智糧食的方法。

越來越多頂尖大學為資深企業主管開設進階管理訓練課程，據那些贊助廠商表示，這種課程最大的好處不是教主管用哪些現成的管理公式更有效率地經營企業，而是讓主管有機會交換、討論新點子。這種課程很多都會要求主管住進大學宿舍，讓他們有許多機會聊天漫談。換言之，這些主管最大的收穫正是他們能在這當中激盪新想法。

之前我曾在某個業務管銷營負責其中兩堂課，這個營隊由美國銷售管理公司贊助，為期一週。幾個星期後，我認識了一位業務朋友，他的上司正好也參加了這個營隊。

「我的業務經理在你們那個營隊得到很多收穫，把我們公司經營得更好了。」這位年輕朋友說。我好奇地問他注意到有什麼改變，他隨即列舉了好幾件事：修改獎酬計畫、業務會議從每月一次改成兩個月一次、設計新名片和新信封、調整業務區域……當中沒有一項是訓練課程上明確提到的建議。這名業務主管得到的不是一堆制式的技巧，而是更有價值的好處：他的心智受到激發，讓他想到能直接為所屬單位帶來效益的點子。

一名在顏料製造商擔任會計的年輕人告訴我，他從別人身上得到啟發，大膽執行了一個計畫，而且大獲成功。

「我一向沒怎麼認真研究房地產，」他對我說：「我做會計已經好幾年了，一直專注於我的本行。有天，一個房仲朋友邀我參加城裡房地產業者辦的午餐會。

「那天的講者是個一路見證這個城市成長發展的長輩，演講的主題是『未來二十年』。他預測市區會繼續向外擴張至附近的農田區域，還預測他口中所謂『小康規模的農地』日後會出現前所未有的需求，這種地就是大小在兩畝到五畝之間的地，足以讓商人或專業人士蓋個游泳池、養幾匹馬、經營花園，或是培養其他需要空間的興趣。

「這個人的演講徹底打動了我，他描述的正是我想要的東西。接下來幾天，我問幾個朋友覺得未來買一塊五畝的地怎麼樣，每個跟我談過的人都說：『聽起來很棒。』

「我繼續考慮這件事，思考該怎麼用這個點子賺錢。接著有天，我在開車上班的途中靈光一現：何不買塊農地，再把這地切分成好幾塊莊園用地？據我設想，好幾塊比較小的地加起來應該比一大塊地更值錢。

「我在離市中心三十五公里的地方找到一塊五十畝的貧瘠田地，開價八千五美金。我買下這塊地，實際只付了三分之一，剩餘款項則跟賣家談妥辦理貸款。

「接下來，我在原本沒有樹的地裡種下松樹幼苗。這是因為有個我認為很內行的房仲告訴我：『現在的客人都很喜歡樹，要很多樹！』

「我希望潛在的買家一看就知道，這些地再過幾年就會長滿美麗的松樹。

「接下來，我請一位測繪師把五十畝的地分成十塊各五畝大小的地。

「這樣我就準備好要賣地了。我弄來幾份城裡年輕主管的郵寄名單，做了一個小小的DM行銷活動，宣傳說只要三千美元就能買一大片莊園用地，這個價錢在城裡只買得到小小一塊地；我還描述能用這塊地做什麼休閒娛樂、過怎樣的健康生活。

「六週之內，十塊地就全數售出，而且我只用平日晚上跟週末的時間處理，總計進帳三萬美元。包括土地、廣告宣傳、測繪跟相關法務費用在內，總成本是一萬零四百美元，淨賺一萬九千六百元。

「我能獲得可觀的利潤，是因為我接觸到其他聰明人的想法。要是我沒接受邀約，參加這場和我本行完全無關的午間聚餐，我自己是絕對想不出這個成功賺錢的計畫。」

刺激心智的兩種做法

刺激心智的方式有很多種，以下是兩種可以融入日常生活的做法。

首先，加入至少一個和自己的本行相關的專業團體，定期會面，為自己激盪專業領域裡的新想法。多多親近其他也以成功為目標的人，和他們交流。我經常聽人說「我今天中午在某某會議得到一個好點子」，或「昨天那場會議讓我開始思考……」切記，仰賴自給自足的心智很快就會營養不良，日漸虛弱，無法產出具有創意、追求進步的思想。別人帶來的刺激是絕佳的精神食糧。

第二，加入並參與至少一個和自己本行無關的團體。和不同職業的人相互交流能拓展思維，讓你獲得更宏觀的視野。定期和專業領域之外的人來往，反而能激盪我們對自身工作的想法。

點子是思考後的果實，但也需要經過淬煉、化為實際行動，才會帶來價值。

一棵橡樹結出的橡實足以長成規模不小的森林，然而在那滿山遍野的種子之中，可能只有一兩顆橡實會長成一棵樹。大部分種子都會被松鼠吃掉，其他殘存的種子在樹下堅實的土地上也沒多少存活的機會。

點子也是同樣的道理。點子太容易消亡，只有極少數能開花結果。萬一我們不時時刻刻留心警戒，松鼠（負面思考的人）就會把多數點子給毀掉。點子在誕生之初就需要細心呵護，直到轉化為能把事情做得更好的實際行動。

各位可以善用以下三個方法來淬煉、培育點子：

1. 不要讓點子溜掉，請記下來。

每天都有無數好點子誕生於世上，卻因為沒記下來而迅速消失。在保管、培養嶄新的點子這方面，記憶只不過是無能的奴隸。如果你冒出什麼想法，請寫下來。我有個經常旅行的友人會隨身攜帶筆記本，這樣一來想到什麼都能立刻記錄。腦筋靈活、富有創造力的人都明白，好主意會隨時隨地降臨。別讓點子溜掉，否則你思考的果實將就此消亡。請把點子好好抓住。

2. 接著回顧這些點子。

將點子整理歸檔，可以用文件夾，也可以利用電腦留存。總而言之，設置一個收納文件之處，定期審視自己收藏的點子。回顧這些想法時，你可能會發現基於相當充分的理由，其中一些點子其實毫無價值，那就將之捨棄。但只要點子有那麼一絲可行性，就予以保留。

3. 培育、澆灌點子，讓點子成長。

思考這個點子，把它和相關的想法串在一起，蒐集跟它有任何相關之處的資料，從各個角度加以檢視評估。待時機成熟，將點子付諸行動，讓它為你自身、你的工作、你的未來創造利益。

建築師心中浮現建造新房子的靈感時，會先畫初步的設計圖；創意廣告人員有了新的廣告靈感時，會先擬腳本。作家有靈感時，會寫成第一版草稿。

記住，務必用紙筆寫下點子，這麼做有兩個絕佳的理由。想法一旦化為白紙黑字，你就真的能檢視、細看，檢查漏洞，看看該如何精修。再來，點子也必須能夠「推銷」給別人，例如顧客、員工、老闆、朋友、同一個社團的成員、投資人，總之要有人願意「買單」，否則這個點子就毫無價值。

某年夏天，有兩名壽險業務員聯絡我。他們兩人都想賣保險給我，兩人都答應要替我規劃必要的調整，再帶擬好的保單回來找我。第一位業務員只對我做口頭說明，用講的解釋我需要什麼，可是我很快就一頭霧水，因為他提到什麼稅務、選擇、社會安全保險……等等專業的保險計畫細節，坦白說我聽得霧煞煞，只好婉拒。

第二位業務員的做法就不同。他把推薦方案繪製成圖表，圖解說明每個細節，由於我能具體看到這些內容，很快便輕鬆搞懂他的提案。他成功說服了我。

請務必使用適合推銷的方式呈現點子。相較於純粹的口頭說明，用圖像或圖表傳達點子，推銷效果會好上許多倍。

6種創意思考的方法

1. 相信能夠辦到。

只要相信一件事辦得到，心智就會找出實踐的方法；只要相信有解決辦法，就會找到解決辦法。從自己的思維和言談中，去除「不可能」、「不會有用的」、「辦不到」、「試了也沒用」這些詞彙。

2. 別讓心智被傳統思維給麻痺。

敞開心胸接納新的想法，樂於實驗，嘗試新做法，不論做什麼事都追求進步。

3. 每天問自己：「我該怎麼做得更好？」

自我進步永遠沒有止境。當你自問：「我該怎麼做得更好？」合理可靠的答案自然會浮現。試試看就知道了。

4. 問自己：「該怎麼做得更多？」

一個人能做多少事取決於自己的心態。對自己提出這個問題，會促使心智努力找出聰明省事的做法。成功職涯的公式就是：「把能做的事做得更好」（提升產出的品質），加上「做更多自己能做的事」（增加產出的數量）。

5. 練習提問和傾聽。

只要提問與傾聽，就能獲得做出適當決策的原料。切記：大人物會盡己所能傾聽；小人物會盡己所能說話。

6. 拓展心智，激盪腦力。

請和能夠啟迪自己產生新想法、找到新方法做事的人往來，和不同職業、社交圈的人多多交流。

第六章
你的思維會決定你是什麼樣的人
YOU ARE WHAT YOU THINK YOU ARE

不消說，人類很多行為都令人捉摸不透。你有沒有想過，為什麼一個銷售員會敏銳地對某位顧客打招呼：「您好，有什麼能為您服務的嗎？」卻徹底無視另一位客人？為什麼一個男人會替某一名女性開門，卻不幫另一名女性開門？為什麼一個員工對某個上司的指令總是聽話照做，對另一個上司的要求卻做得心不甘情不願？為什麼我們會專心聽某一個人說話，卻忽略另一個人？

觀察周遭，你會發現有些人只得到「嗨，你好」這類招呼，有些人卻會得到「沒問題，先生／小姐」這樣真誠又備受敬重的回應。仔細看，你會發現有的人散發自信、激發別人的忠誠、受人景仰，有的人卻不會。

更仔細瞧瞧，你還會發現：最受人尊敬的人，也是最成功的人。

這該怎麼解釋？可以歸結為一個詞：思維。想法真的會化為現實。**我們怎麼看待自**

己，別人就怎麼看待我們；我們認為自己值得什麼樣的對待，別人就怎麼對待我們。

想法的的確確會化為現實。假如一個人覺得自己比別人差，那麼無論此人真正的學經歷如何，他／她都會真的比別人差。原因在於**思維會決定行動**，覺得自己比較差的人會採取相應的行為舉止，不管外表再怎麼掩飾或虛張聲勢，終究沒辦法永遠藏住這種自認低人一等的感受。若是一個人覺得自己微不足道，那這人真的會變得微不足道。

反過來說，只要認為自己足以肩負重任，那就真的會有這樣的能耐。

想當個重要人物，首先要真心認為自己是個重要人物，其他人就會隨之跟進。以下也是同樣的邏輯：

思維模式決定你的行為。
你的行為則決定別人如何對待你。

一如這項讓你人生成功的計畫的其他階段，贏得尊重的基本原理很簡單。想要獲得別人的尊敬，首先要認為自己值得受人尊敬：你越是敬重你自己，別人就越是敬重你。實際測試看看這個原則吧。你會尊敬一無是處的人嗎？當然不會，因為那個可憐人並不尊敬自己，毫不自重，任憑自身日漸凋零。

我們的言行舉止會透露我們多尊重自己。本章將聚焦於如何透過具體做法提升自我尊重，也藉此贏得更多他人的尊重。

看起來是個重要人物，就會用重要人物的方式思考

切記一個原則：外表「會說話」。請確保自己的外表傳達正面特質，在出門之前，務必先確定你看起來像你想成為的樣子。

打扮整齊的成本真的很低。請記住，「穿對衣服，一定對你有好處」。切記，看起來是個重要人物，可以幫助各位用重要人物的方式思考。

請善用服裝來提振精神，培養自信。我認識一個心理學教授，他總是建議學生在期末考前的最後一刻如此準備考試：「穿著得體來參加這場重要考試。打扮得聰明俐落，能幫助你俐落聰明地思考。」

可見這位教授確實深諳心理學。人的外在的確會影響內在的精神狀態，一個人外表看起來的樣子，會影響這人內心如何思考與感受。

我聽說每個男生一定會經歷「帽子時期」，也就是運用帽子模仿自己想成為的人物或角色。我一輩子都會記得我跟兒子的一次帽子事件，有天他打定主意要當獨行俠，可是他沒有適合扮獨行俠的帽子。（譯註：「獨行俠」為美國民俗傳說中的著名虛構人物，是西部開拓史中的德州騎警，曾改編為電視影集與電影。）

我試著說服他用另一頂帽子代替，他抗議道：「爸，可是沒有獨行俠帽的話，我就沒辦法像獨行俠一樣思考了。」

最終我投降，買了他要的帽子給他。果不其然，一戴上帽子，他立刻化身獨行俠。

我經常想起這件事，因為這個故事徹底體現了外表對思考的影響。凡是入伍服役過的人，都明白軍人一穿上軍裝，就會像軍人一樣感受、思考。

同理，高階主管要穿得像個高階主管，才會覺得自己更像高階主管。有個業務員是這麼跟我說的：「如果我想簽到大訂單，就必須表現得像事業有成的人，但我要先做出相應的打扮，才會覺得自己就是這樣的人。」

外表會對你說話，也會對別人說話，還能決定別人對你的看法。「應該根據才智評斷一個人，而不是穿著打扮」這樣的話人人都愛聽，但人的確會根據外表來評價你，因為外表是別人第一個能夠評價你的基準。儘管第一印象是在極短的時間內形成，卻會維持很久。

有天我去超市，注意到有一桌無籽葡萄標價每磅十五分錢。另一桌放著看起來完全相同的葡萄，但用塑膠袋裝了起來，標價兩磅三十五分錢。

我問在秤重站幫忙標價的年輕人：「一磅十五分錢的葡萄跟兩磅三十五分錢的葡萄差在哪裡？」

他答道：「差在袋子。有塑膠袋的葡萄銷量是沒塑膠袋的兩倍，因為比較好看。」

下次要自我推銷時，想想這個葡萄的例子。經過適當「包裝」，成交的機會更高，價錢也會更漂亮。

重點是：你把自己包裝得更好，就會有越多人接納你。

明天，在餐廳、公車、人來人往的大廳、商店、辦公室，不妨觀察看看誰最受尊重禮遇。大家第一眼看見某個人時，都會迅速加以衡量（這往往是下意識的行為），接著根據衡量結果來對待此人。

見到某些人，我們會以「嗨，你好」的態度待之；見到其他人，我們卻會心生「沒問題，先生／小姐」的尊敬。

沒錯，外表絕對會說話。得體的穿著打扮會傳達正面訊息，告訴別人：「他是聰明、事業有成、可靠的重要人物，應該向他看齊、景仰他、信任他。他敬重自己，我也敬重他。」

破舊邋遢的衣著則傳達負面訊息，告訴別人：「這個人過得不怎麼好，他很散漫、缺乏效率，只是個無關緊要的平庸人，不需要特別優待，他已經習慣被呼來喚去了。」

每次我在訓練課程中強調要「好好打理外表」，幾乎都會有人問我：「你說服我了，外表的確很重要。但我買不起會讓我有自信、讓別人敬重我的衣著，該怎麼辦？」

許多人因這個問題而困擾，我也為此煩惱許久。不過答案其實很簡單：選擇價錢貴一倍的衣服，但購買數量減半。請把這個答案牢記在心，確實應用於帽子、襯衫、鞋子、襪子、外套等所有你會穿戴的服飾與配件上。落實這項原則的話，你會發現，不光是你會對自己敬重，別人對你的敬重也會直線飆升；你還會發現，買貴一倍但數量減半的衣服其實更划算，因為：

1. 這些服飾由於品質比以前買的衣服好上不止兩倍，所以更耐穿兩倍，通常品質也會影響衣服是否耐穿。
2. 這些衣服比較不會退流行，好服飾一向如此。
3. 你會得到更好的建議。比起賣一百美元西裝的店家，賣兩百美元西裝的店家通常更樂於協助你找到「最適合你」的衣服。

記住：外表會向你說話，也會向別人說話。請確保你的外表告訴別人：「這個人敬重自己，是要以禮相待的重要人物。」

隨時表現最好的狀態，這是你該為別人做的——更重要的是，你也該為自己這麼做。思維會決定你是什麼樣的人。假如外表讓你自認不如人，那你就不如人；假如外表讓你思維狹隘，那你就是個狹隘的人。請呈現出自己最好的樣子，這麼一來，你的思維、行動都將發揮最大潛力。

相信自己的工作很重要

有個大家耳熟能詳的故事，說的是三個泥水匠的工作態度。這個故事相當經典，就容我再講述一遍。

有人問泥水匠：「你們在做什麼啊？」第一個泥水匠回答：「在砌磚。」第二個回答：「在賺九塊三的時薪。」第三個回答：「我嗎？哎呀，我在蓋全世界最宏偉的大教堂！」

這個故事沒講這三個泥水匠日後過著什麼樣的生活，但各位覺得他們過得如何？前兩位泥水匠很有可能依然如故，終究只是泥水匠。他們缺乏遠見、缺乏對工作的敬意，也缺乏動力，鞭策自己獲取進一步的成就。

但你幾乎可以肯定，那位認為自己在建造大教堂的泥水匠不會一輩子只是個泥水匠。也許他會成為領班，也許會成為承包商，也可能當上建築師，無論如何他都會向前邁進，向上爬。為什麼？因為想法會化為現實。第三位泥水匠的思考模式，為他指引了在職涯中自我成長的明路。

從對待工作的思維能看出一個人的性格，以及是否有潛力承擔更大的責任。

有位經營人才媒合公司的友人最近對我說：「替客戶評選應徵者時，我們一定會觀察應徵者對現職有什麼想法。如果應徵者認為就算現職有些自己不滿意的地方，但他的工作還是很重要，那我們通常會對這個人觀感比較好。

「原因何在？很簡單：如果應徵者覺得現在的工作很重要，他很有可能也會以下一份工作為傲。我們發現，一個人對工作的敬意和工作表現大有關係。」

就像外表一樣，你看待一份工作的態度會傳達你是什麼樣的人，你的上司、同事和下屬全都會看在眼裡——實際上，每個和你接觸過的人都會看在眼裡。

幾個月前，我和一位在家電製造公司當人資的朋友會面了幾個小時，當中談到「培養人才」這件事。他跟我介紹他們的「人員考核系統」，以及他從中學到什麼。

「我們有大約八百位員工屬於非生產部門，」他開口說：「按照我們的人員考核系統，我和助理會跟每個員工每半年面談一次。用意很簡單：我們想了解在工作方面如何提供協助。我們覺得這制度很棒，因為每個同事都很重要，否則就不會進這間公司。

「我們很小心避免問員工任何太明確的問題，而是鼓勵他們想說什麼就說什麼，希望得到大家坦誠的想法。每次面談結束，我們會填寫一張評分表，列出員工在職務上的某個特定面向，為該員工對那個面向的態度打分數。

「我學到了一件事，」他繼續說：「根據員工如何看待自己的職務，可以將他們分為兩大類，分別是A類跟B類。

「B類員工關心的主要是工作上的安穩、公司的退休計畫、病假制度、額外休假、我們會如何改善保險計畫、今年三月會不會需要跟去年三月加一樣多的班；他們也常常談工作有哪些地方不好、不喜歡同事的哪些地方等等。B類員工占了非生產部門的八成，他們不喜歡自己的工作，但又覺得非做不可。

「A類員工則會用另一種觀點看待工作。他們關心自己的前途，希望獲得能讓自己更快往上爬的具體建議，只求有個機會，別的什麼也不求。A類員工會用更宏觀的角度思考，提出讓公司更好的意見，認為和我的面談很有幫助；B類員工則往往覺得人員考核系統只是要洗腦他們而已，所以只想快快了事。

「我有個方法能觀察員工的態度，也驗證態度對職涯成就的影響。員工的直屬主管如果推薦誰升遷、加薪或得到特殊福利，申請都會送到我這裡。獲得推薦的人幾乎無一例外全是A類員工，出問題的人也幾乎清一色全是B類員工。

「在我這份工作中，」他說：「最大的挑戰就是協助B類員工成長為A類員工。這做起來並不容易，因為除非這個人認為自己的工作很重要，而且以正面心態看待工作，否則誰也幫不上忙。」

這個例子恰恰證明了思維會決定你成為什麼樣的人；思維的力量會引導你成為自己所想的那個人。如果你覺得自己很弱、覺得自己沒有擔當、覺得自己會輸、覺得自己低人一等——要是有這些想法，那你注定淪為平庸之人。

但如果你想的是我很重要、我有擔當、我是一流人才、我的工作很重要——抱持這些想法的話，將會步步高升。

實現夢想的關鍵在於對自己抱持正面想法。別人在判斷你的能耐時，唯一的真正基準是你的行為舉止，而你的行為舉止受到思維掌控。

你認為自己是誰，你就是誰。

請花幾分鐘從一個主管的角度思考，問問自己，你會推薦以下哪位加薪或升遷？

1. 有個祕書總是趁主管離開辦公室的時候逛網站；另一個祕書會利用這段時間搞定許多小事，讓主管回來後能完成更多工作。
2. 有個員工說：「喔好吧，反正我可以再找工作，要是上面不喜歡我做事的方式，辭職就好了。」另一個員工則用積極態度面對批評、真心努力提升工作品質。
3. 有個業務員會告訴客戶：「喔，別人叫我做什麼我就做什麼，是他們叫我來看看你有沒有需要什麼。」另一個業務員則說：「先生，我是來為你服務。」
4. 有個領班對員工說：「坦白告訴你，我不怎麼喜歡這份工作。上頭那些人難搞死了，我有一半的時候都聽不懂他們要幹什麼。」另一個主管說：「任何工作都會有些不愉快，但我跟你說，上面那些高階主管能力很強，不會虧待我們的。」

許多人一輩子會原地踏步的原因很明顯了吧？正是思考方式讓他們裹足不前。

一位廣告業主管有次告訴我，他公司有一套不成文的訓練，專門用來協助缺乏經驗的新進員工上軌道。

他說：「這些年輕人多半是大學剛畢業，按照公司政策，我們覺得最好的新人訓練就是當收發人員。當然了，不是因為我們覺得念完四年大學只適合送送辦公室郵件，真正的用意是讓新員工盡可能接觸廣告業務中五花八門的面向，等他們熟悉這些業務之後，我們就會指派職務給他們。

「不過有時候，就算我們詳細解釋為什麼一開始要做收發，難免有些年輕人會覺得送信是個被瞧不起、無足輕重的工作。遇到這種情況，我們就曉得自己選錯人了。假如此人缺乏遠見，想不通在承擔重責大任之前，當收發人員是個務實的必經之路，就表示他在這間公司裡沒有前途。」

記住，每當主管思考：「這人適不適合擔任某個層級的職務？」必然會先思考：「這人在現有職務的表現如何？」

以下是個合乎邏輯、直接簡單的原則，請至少讀五遍再接著往下讀：

當一個人認為自己的工作很重要，心智自然會找出如何做得更好的辦法；工作表現更好意味著：更多升遷機會、更多收入、更高的名望、更多快樂。

仿效的力量

我們都知道小孩會很快學會父母的態度、習慣、恐懼和偏好，無論是飲食喜好、行為舉止、政治觀點，或其他任何種類的行為，小孩都會活生生地映照出父母或師長的想法，因為小孩是從模仿中學習。

成人也是如此！人會一輩子模仿他人，模仿身邊的領導者和上司，無論思維或行為都會受到這些對象的影響。

要驗證這件事很簡單，只消觀察你周遭的朋友和對方的主管，看看他們的言行中有哪些相似之處即可。

你朋友也可能在以下幾個方面模仿老闆或同事：用字遣詞、某些臉部表情跟舉止、穿衣風格、運動偏好等等，諸如此類，多不勝數。

想驗證模仿的力量，另一種方法就是觀察員工的態度，並跟該員工的主管相互比較。要是主管緊張、焦慮、擔憂，與其親近的員工也會抱持類似態度；但要是主管能力超群、春風得意，其員工也會是如此。

關鍵在於：**我們如何看待自己的工作，會決定下屬如何看待他們的工作。**

下屬的工作態度直接反映了我們自身的工作態度。請謹記，正如小孩會反映父母的心態，我們的強項與弱點也都會反映在下屬的行為上。

成功人士有個特徵，那就是：熱情。有沒有注意過，百貨公司裡熱情的售貨員會比身為顧客的你對產品更興奮？有沒有留意過，演講者如果充滿熱忱，聽眾也會清醒無比、聚精會神、滿懷熱情？假如你心懷熱忱，你周遭的人也將熱情洋溢。

可是該怎麼培養熱情呢？第一步很簡單：滿懷熱情地思考。培養樂觀正向、積極進取的心態，讓自己感受「這太棒了，我一定全力支持」。

你怎麼思考，就會成為什麼樣的人。熱情地思考，你就會變成熱情的人。如果想要高質量的工作成果，就該對你想執行的工作抱持熱情，其他部屬會受你散發的熱情所感染，就會交出一流的工作成果給你。

但反過來說，要是你想盡各種辦法占公司便宜，浪費公司的開支、用品和時間，你覺得下屬會怎麼做？要是你習慣遲到早退，你覺得你那些「部下」會怎麼做？

對自己的工作抱持對的心態，下屬才會對他們的工作抱持對的心態，此外還有一個重要動機：公司高層也會觀察我們下屬的工作品質和生產力，來衡量我們的工作表現。

這麼說好了，麾下業務員個個績效亮眼的部門業務經理，以及部屬表現平庸的經理，你會選擇提拔誰當分公司的業務經理？部門業績有達成的主管，與部門業績落後的主管，你會想推薦誰升職為經理？

想讓部屬為你達成更好的績效的話，請參考以下兩個建議：

1. 總是用正面態度來對待工作，讓部屬「學習」對的思維。
2. 每天工作時，自問：「我各方面都值得人家效仿嗎？如果看到部屬模仿我的任何習性，我都會高興嗎？」

每天對自己精神喊話好幾次

幾個月前，有位汽車銷售業務員跟我說，他研究出了一套成功推銷車子的技巧，當中其實大有道理，請務必一讀。

「我的工作有個很重要的環節，」這位業務員解釋道：「也就是每天花兩個小時打電話給潛在客戶安排試乘。三年前我剛開始賣車時，這對我來說非常困難。當時我很害羞、膽小，我很清楚我在電話裡聽起來也是這樣，對接到我電話的人來說，要說句『沒興趣』然後掛掉電話非常簡單。

「那時候，業務經理每星期一早上都會開業務會議，那些會議都很鼓舞人心，讓我士氣大振；不僅如此，我在星期一約到的試乘似乎總是比其他日子來得多。問題是，星期一獲得的激勵很少延續到第二天跟其他工作日。

「後來我靈光一閃。既然業務經理能鼓舞我，為何我不能鼓舞我自己？我何不在打電話之前向自己精神喊話？那天，我決定要試試看。我沒告訴任何人，就自己一個人走到停車場，找到一輛空車，坐進去，然後花了好幾分鐘對自己喊話。我告訴自己：『我是優秀的汽車業務員，我要成為頂尖業務員。我賣的都是好車，給的銷售條件都很好，我打電話的對象都需要這些車，我會成功把車賣掉。』

「嗯，這次自我打氣馬上就有了成效，我鬥志昂揚，完全不怕打電話了，反而很期待打電話。現在我已經不會跑去停車場坐在車裡給自己加油了，但我還是會用這個技巧，在打電話前先暗暗提醒自己：我是一流業務員，我會交出漂亮的成績單——我也確實績效非凡。」

這個想法很棒，對不對？想當一流人才，你得先覺得自己是一流人才。給自己來場精神喊話，你就會知道自己能夠變得多有自信、多厲害。

最近在一場由我主持的訓練課程當中，每個人都必須以「身為領袖」為題演講十分鐘。其中一個學員的表現糟糕透頂，膝蓋打顫、雙手發抖，還忘記要講的內容，在掙扎了五、六分鐘之後，他回到座位上，整個人萬分消沉。

課程結束後，我簡短跟他談了幾句，請他下次上課提早十五分鐘到。

下一堂課，他依約在十五分鐘前抵達。我們兩人坐下來討論他前一晚的表現，我請他盡可能回想他在演講前五分鐘在想什麼。

「這個嘛，我那時滿腦子都是我真的怕死了。我確信自己會丟人現眼，一定會表現得很糟，不停想著：『我憑什麼談身為領袖這種主題？』我試著回想本來要講什麼，結果腦裡只想著自己會出醜。」

我插口道：「這就是問題所在。在你上台發表演說前，你在心中已經先把自己狠狠教訓了一頓，讓你相信自己註定會失敗收場，怪不得你表現得不理想。你沒有培養勇氣，反而培養了恐懼。

「今天晚上的課再過四分鐘就要開始了，」我繼續說道：「我希望你做一件事：接下來幾分鐘，給你自己來場精神喊話。去走廊對面的空教室，告訴自己：『我會發表很棒的演說，我知道一些能幫助大家的事，我也想要告訴他們。』發自內心、強而有力地不斷重複這幾句話，然後進會議室再演講一次。」

但願你也在現場見證他多麼判若兩人。那段簡短卻鏗鏘有力的自我喊話，讓他發表了一場動人的演說。

這個故事告訴我們，請用激勵人心的方式鼓舞自己，不要用貶低的方式懲罰自己。**思維決定你是什麼樣的人。你認為自己越有能力，你就能做到越多。**

「對自己推銷自己」的廣告詞

打造專屬於你的「對自己推銷自己」的廣告詞吧。想想可口可樂這個美國最受歡迎的產品，每一天，你都會無數次看見關於可樂的妙處、聽見關於可樂的好話。製造可口可樂的公司無止無休地反覆對大家推銷可樂，而且他們自有其道理：要是停止打廣告，大眾對可樂的熱情很有可能減退，最終對可樂再也沒有興趣，業績就會下跌了。

但可樂公司不會讓這種事發生，他們會一再地對大眾推銷可樂，永不間斷。

每天，我們都會看見再也不相信自己、活得像行屍走肉的人，原因在於這些人不尊重自己身上最重要的產品——也就是他們自己。這些人對世事冷漠，自覺只是微不足道的無名小卒，也由於他們這麼認定，他們果真成了這樣的人。

這些行屍走肉的人需要重新相信自身的價值。他們必須明白自己是頂尖人才，必須真心誠意、發自內心相信自己。

湯姆是個前途光明的年輕人，正以飛快的速度向上爬。每天湯姆都會對自己打氣三次，他稱之為「湯姆的一分鐘廣告」，藉此定期向自己推銷自身的價值。他把自己專屬的廣告詞放在皮夾中隨身攜帶，上面寫的是：

請來認識一下這位湯姆，他是個舉足輕重、前途不可限量的人。

湯姆，你是個思考格局相當大的人，所以思考時千萬不要設限，凡事都要用 Think big 去想。你的能力足以交出一流的成果，所以務必交出一流成果。

湯姆，你相信自己會有幸福、進步和富饒。

既然如此，務必只說關於幸福的話，只說關於進步的話，只說關於富饒的話。

湯姆，你充滿動力，擁有強大的動能。

所以，湯姆，善用那些動能吧，什麼都阻止不了你，絕對沒有。

湯姆，你充滿熱情，將自己的熱情表現出來。

湯姆，你看起來精神抖擻，內心鬥志昂揚，請保持這個狀態。湯姆，昨天的你非常棒，今天的你會更棒。出發吧，湯姆，勇敢前進。

湯姆認為這支廣告讓他變得更成功、更有活力。「在我開始對自己推銷自己前，」湯姆說：「我覺得自己根本誰也比不上。現在我明白自己有能力成為贏家，也不斷取得勝利，我要一直贏下去。」

如何打造「對自己推銷自己」的廣告詞？首先，找出自己的優勢跟強項，問自己：「我最棒的特質是什麼？」不要害羞，大膽描述自己。

接下來，用自己的話把這些強項寫在紙上，然後寫下給自己的廣告詞。重讀上面湯姆的廣告詞，留意他是怎麼對「湯姆」說話。用最直白的方式對你自己說話，在說出廣告詞時，別去想其他人，只要想著你自己。

第三，每天至少私下練習廣告詞一次，要把廣告詞說出口。在鏡子前練習會很有幫助，練習時活用肢體動作，堅決果斷、鏗鏘有力地重述這段廣告詞，說到血液沸騰、渾身發熱起來為止。

第四，每天默念廣告詞好幾遍。每次要做任何需要勇氣的事情時、感到失望沮喪時，都把廣告詞讀一遍。把廣告詞隨時帶在身邊，善加使用。

最後一件事：很多人（說不定是大多數人）聽了這個帶來成功的祕訣，可能都會嗤之以鼻，那是因為他們不願相信善加控制思維就能成功。請千萬不要受一般人的批判所影響，因為你並不是一般人。假如你懷疑「對自己推銷自己」這個原則，不妨找個你認識最成功的人，問對方有什麼看法。問吧，然後開始對自己推銷自己。

思維升級，行動就會隨之升級，從而迎來成功。有個簡單的方法可以讓你的思考模式更像重要人物，幫助自己獲得更多成就，下表能為你提供指引。

「我具備什麼樣的思維？」檢查清單

情境	問自己
心中有擔憂	重要人物會擔心這種事嗎？我認識最成功的人會為這種事心煩嗎？
想到點子	如果重要人物想到這個點子，會怎麼做？
外表	我看起來是極為敬重自己的人嗎？

言談	我的用字遣詞是成功人士會用的嗎？
讀的書籍	重要人物會讀這本書嗎？
對話	這是成功人士會討論的事嗎？
控制不住脾氣	重要人物會為了這件讓我生氣的事發怒嗎？
開玩笑	這是重要人物會開的玩笑嗎？
工作	重要人物會怎麼向別人介紹自己的工作？

將想法變成現實的4個練習

總結來說，請切記：

1. 看起來是個重要人物，有助你用重要人物的方式思考。外表會對你說話，務必藉由外表提振自己的士氣，建立自信。外表會對別人說話，務必讓外表傳達：「這是個聰明、富足、可靠的重要人物。」
2. 相信自己的工作很重要。

只要這麼想，心智就會提示你如何把工作做到更好。只要相信自己的工作很重要，你的下屬就會跟著認為他們的工作也很重要。

3. 每天對自己精神喊話好幾次。擬定「對自己推銷自己」的廣告詞，一有機會就提醒自己：你是個一流人才。

4. 在人生各種情境，問自己：「重要人物會這麼想嗎？」然後遵循你所得到的答案。

第七章

管理環境：要做就要做到第一等

MANAGE YOUR ENVIRONMENT: GO FIRST CLASS

心智是一套神奇的系統。以特定方式運作的話，心智可以引領人邁向非凡的成就；但同一副心智要是換個方式運作，說不定會導致人一敗塗地。

心靈是世間萬物最精巧、最敏銳的構造，接著讓我們來看看心智如何形成特定的思考模式。上百萬人都很注重飲食；美國是個喜歡計算熱量的國家，大眾會花數百萬元買維他命和其他營養補充品，原因我們都曉得：營養學研究指出，身體攝取的東西會影響身體狀況，體力、免疫力、體型大小，甚至是壽命長短，全都跟我們吃什麼大有關聯。

身體攝取的營養會決定身體的狀態。同樣的道理，心智攝取的營養會決定心智的狀態。當然，世界上沒有那種適量分裝好的心靈糧食，沒辦法從商店買到。心智的糧食來源實際上就是你身處的環境——無論是有意識或潛意識的思維，都會受到周遭數不清的事物影響。人所攝取的心智糧食會形塑一個人的習慣、心態、性格；每個人生下來都會遺傳到一定的心智能力，有待後天發展，但究竟能發展出多少能力、用什麼方式發展能力，取決於我們餵養什麼糧食給心智。

正如身體會反映你讓身體攝取的飲食，心智也會反映它從環境攝取的糧食。

你是否想過，如果你成長的地方不是原本的國家，而是在其他國家，那你會成為什麼樣的人？會喜歡什麼類型的食物？對服裝的喜好還會一樣嗎？最喜歡的休閒娛樂會是什麼？會做什麼樣的工作？會有什麼嗜好？

當然了，你沒辦法肯定這些問題的答案會是什麼，不過要是你在不同國家成長，很有可能你會變成跟如今大不相同的人。為什麼？因為你會受不同的環境影響，正如俗語所說：人是環境的產物。

好好記住這個道理。環境塑造了我們，讓我們用如今的方式思考。不妨試著想想，你有沒有任何一個習慣或行為不是從別人身上學來的？即便是些較無關痛癢的小細節，比如走路、咳嗽、拿杯子的方式，或是對音樂、文學、娛樂、服裝的喜好，這一切多半都源於環境。

更重要的是，你的思考格局、目標、態度、你這個人的性格，全都是由環境形塑而成。長期與負面思考的人來往，我們也會跟著負面思考；和小家子氣的人密切接觸，我們也會養成小家子氣的習慣。往正面想，和 Think big 的人相處會提升我們的思考格局，與具有企圖心的人頻繁往來，我們也會比較有企圖心。

專家認為，包括個性、志向、當下的生活狀態在內，你如今是個什麼樣的人，主要是受到心理環境的影響。專家也認為，你在一年、五年、十年、二十年後會是個什麼樣的人，幾乎完全取決於你未來所處的環境。

我們早已知道，幾個月、幾年過後，人必然會改變。但你會變成什麼樣的人，端看你未來身處什麼環境、攝取什麼心智糧食。這個章節將說明我們能採取哪些行動，打造未來的環境，獲得令人滿意、豐碩富足的成果。

以成功為目標，重新制約自己

想要取得輝煌成就，最大的障礙就是認定非凡成果遙不可及。會有這種心態，是因為許許多多抑制的力量把我們的思維導向平庸。

要瞭解什麼是抑制的力量，得回溯到我們的孩提時光。每個人在兒時都會擬定遠大目標，在年紀還非常小時，我們可能會計劃征服未知、成為領袖、登上重要地位、做新鮮刺激的事、變成有錢的名人——簡而言之，我們想成為一等一、了不起的頂尖人才，儘管當時的我們天真懵懂，卻清楚看見達成這些目標的道路。

但後來怎麼了？在我們成長到能朝遠大目標努力的年紀之前，眾多抑制的力量便開始發揮作用。

到處都有人告訴我們「做白日夢很傻」，說我們的想法「不切實際、愚昧、幼稚、糊塗」，說「有錢才能飛黃騰達」，說「成不成功全看運氣，不然就是要有人脈」，說「你太老／太年輕」。

這種「你哪可能功成名就，不要浪費力氣了」的說法鋪天蓋地轟炸我們，導致我們身邊的人大多可分為三類：

第一類：徹底放棄派

多數人在心底堅信自己沒那個能耐，只有在某些方面走狗屎運的人才能真正有所成就。辨識這類人很容易，因為他們會大費周章來合理化自己的狀態，並解釋自己現在是多麼「幸福」。

有個三十二歲的男人儘管極其聰慧，卻甘於困在安全而平凡的絕境，最近他花了好幾個小時告訴我為什麼他非常滿意現在的工作。他很懂得合理化自己的處境，但他心裡清楚自己不過是在自我欺騙罷了，他真正想要的是能讓自己成長茁壯、充滿挑戰的環境，可惜「眾多抑制的力量」讓他堅信自己沒有能力大展鴻圖。

在現實中，有種極端的人是不斷尋找機會、不停換工作、總是對一切不滿意，徹底放棄派則是與之相對的另一種極端。曾有人說安於一成不變的生活就像提前一腳踏進棺材，這簡直就跟漫無目標遊蕩、盼著機會突然從天上掉下來一樣糟糕。

第二類：半放棄派

第二類的人數少得多，這些人成年時仍心懷一定程度的希望，期盼能夠成功。他們預先做好準備，努力工作，事先規劃，但過了十年左右，他們逐漸面臨更多阻力，高層管理工作的競爭看起來又很激烈，於是這群人認定成功不值得花那麼多力氣去追求。

他們心想：「我們賺得比一般人多，過得比一般人好，何必累死自己？」

其實，這群人心中養成了幾種恐懼：恐懼失敗、恐懼不受社會肯定、恐懼生活不夠安穩、恐懼失去已經擁有的事物。這些人並不滿足，因為他們內心深處很清楚自己放棄了。許多天賦異稟、絕頂聰明的人都屬於這一類，他們選擇庸碌度日，因為他們不敢發揮全力、挺身迎向挑戰。

第三類：絕不放棄派

這群人大概只占總人口的百分之二或三，他們不受悲觀心態宰制，不願臣服於抑制的力量，不願庸碌度日。相反地，這群人活出成功的人生，擁抱成功。他們是世上最快樂的人，因為他們達成最多的成就，在各自的領域成為頂尖人員、頂尖主管、頂尖領袖。這些人覺得生命充滿刺激、帶來豐厚回報、極有意義，期待每個新的一天、每次新的偶然相遇，勇於展開冒險、活得精彩。

坦白說吧，每個人都想當第三類人，想要年年迎來更輝煌的成功，想要放手追求理想、獲得亮眼成果。

然而，要加入、留在這群人當中的話，就必須對抗環境中的抑制力量。第一和第二類人會不自覺想扯你後腿，看看底下這個例子各位就會明白了。

假設你真心誠意告訴幾個「平凡的」朋友說：「總有一天，我要當這間公司的副總經理。」

接下來會怎麼樣？你朋友大概會覺得你在開玩笑，就算相信你是認真的，也很可能會說：「可憐的傢伙，你要學的可多了。」

背著你的時候，他們說不定還會懷疑你是不是腦袋壞掉了。

然而要是你以同樣真心誠意的態度，對總經理說同一句話，他會有什麼反應？可以確定的是，他絕對不會笑。他會全神貫注看著你，自問：「他說這句話是認真的嗎？」

但是，我再重複一遍，他絕對不會笑。

因為格局夠大的人不會嘲笑大格局的想法。

再假設你跟幾個一般人朋友說你打算買棟豪宅，他們可能會覺得這只是癡心妄想而笑你。但如果你跟已經住在豪宅裡的人說這句話，對方絕不會驚訝——他不會認為那是癡心妄想，因為他已經辦到了。

記住：**會對你說「不可能」的人幾乎都是一事無成的人，他們的成就頂多只能以「普通」或「平凡」來形容。這種人的意見有時會是毒藥。**

請建立防禦機制，抵擋那些想讓你相信你辦不到的人。將負面意見視為證明你確實辦得到的挑戰。

別讓負面的人妨礙你 Think big

千萬、千萬小心，不要讓負面思考的人摧毀你的 Think big 計畫。很負面的人無處不在，而且似乎都以阻撓他人取得正面進展為樂。

讀大學時，我有好幾個學期都跟W很親近。他是很好的朋友，會在你手頭拮据時借你一點錢，或是在各種小事上對你伸出援手。儘管W對朋友很好，但他看待人生、未來跟機會的態度卻極其悲觀偏激，是個非常喜歡否定一切的人。

那段時間，我很愛讀某報紙的一個專欄，那位作家非常強調希望、正面心態與機會。每次W看我在閱讀或提到這個專欄，總會用言詞攻擊道：「喔，看在老天的份上，你讀頭版新聞好不好，那才能讓你認清現實人生。你要知道，那個專欄作家只是寫點好聽話騙騙沒用的人而已，反正寫這個很好賺。」

每當我們聊到如何成功，W總會立刻搬出他那套致富公式，以下直接照抄他說的話：「這年頭想變成有錢人只有三種方法。第一，娶個有錢老婆；第二，找個不犯法的乾淨方式輕鬆偷錢；第三，培養人脈，交些很有影響力的朋友。」

W隨時準備好用實例來證明自己這套公式是對的，只看頭版的他會立即引述，一千名工會領袖中有那麼一個侵吞工會款項，還逃過了法律制裁；他時時刻刻留意種水果工人娶了千金小姐這類極為罕見的婚姻；他說朋友的朋友的朋友認識一個大人物，靠他談成了一筆大生意，就此一躍成為有錢人。

W比我大了幾歲，在工程科系的成績很好，我把他當成兄長一樣尊敬，我只差那麼一點就要接受他那種很負面的人生觀，拋棄自己對於怎麼做才能成功的基本信念。

幸好有天晚上跟W長談之後，我及時懸崖勒馬。我突然醒悟過來，自己正在傾聽的是輸家的言論。在我看來，W之所以說這些，與其是為了讓我用跟他一樣的模式思考，更像是為了說服他自己。從那時起，我就把W當成一個借鑑，有點類似實驗用的白老鼠，我不再聽信他的話，而是仔細研究他，試著搞清楚他為什麼會這樣想，以及這種思維會帶領他邁向什麼結果。我把這個愛否定的朋友想成了一場個人實驗。

我和W已經十一年沒見，不過有個共同朋友幾個月前才見過他。W正在華盛頓做薪水不高的製圖員，我問朋友，W可曾有任何改變。

「完全沒變，就算有，也只是變得比我們認識他時更負面。他的日子過得很煎熬，有四個小孩，以他那份收入來說很辛苦。憑W的聰明才智，他明明能賺到高五倍的薪水，可惜他不懂得用他那顆腦袋。」

很負面的人到處都是。就像差點讓我栽跟斗的W，其中有些人是充滿善意的好人，但也有的人會眼紅嫉妒。他們自己停滯不前，卻希望你也跟著失敗。他們自認低人一等，所以也想把你變成平庸的人。

務必格外小心。好好觀察很負面的人，別讓他們摧毀你的成功計畫。

最近一名年輕的辦公室職員跟我解釋，為什麼他要重新找人一起共乘汽車上下班。他說：「有個人每次一起坐車都只會抱怨我們公司有多爛，不管高層主管做了什麼都要挑毛病，包括他上司在內，他對上頭每個主管都沒有好話，又嫌我們賣的產品很差、公司每個政策都有問題。在他眼中，每件事都一定有哪裡不對勁。

「每天早上，我進辦公室時都渾身緊繃、焦慮煩躁；每天晚上，聽他花四十五分鐘大肆抱怨那天有多少不順心的事，我到家時總是很憂鬱沮喪。最後我終於想通，我要另外找人共乘，後來情況就大幅改善，因為現在跟我共乘的同事都懂得用不同的角度看事情。」

這位年輕人主動換了環境，這不是很聰明嗎？

切記，別人會根據你結交什麼朋友來評價你，畢竟物以類聚。即便是同事，也不一定每個人都有相近的價值觀，有的人心態負面，有的人心態正面；有些人工作的理由是「不然怎麼生活」，有些人則充滿企圖心、積極進取；有些同事不管主管說什麼、做什麼都要嫌，其他同事則客觀許多，內心明白如果想成為優秀的領導人，必須先當個優秀的追隨者。

我們身處的群體會直接影響我們的思維，請務必待在心態正確的團體中。

工作環境隱藏著陷阱，無論在哪個群體，總會有人暗自覺得不如人，所以也想阻撓你，不讓你前進。許多有企圖心的人都曾受到嘲笑，甚至是恐嚇，就只因為他們努力變得更有效率、更有生產力。光是由於你想往上爬，就會有些眼紅的人想害你丟臉出糗。

這種情況經常發生在工廠，有時其他工人會討厭想提高生產效率的那個人；這也會發生在軍中，有時一群想法負面的人會捉弄、羞辱有志就讀軍校的年輕士兵。

職場一樣會發生這種事，有些不符升遷資格的人會出手妨礙別人的晉升之路。

校園也經常出現相似的情景，有些蠢蛋老愛奚落同學，就只因為那位同學懂得把握受教育的機會，獲得高分。有時那位聰明學生受盡揶揄，最後甚至被逼得認為當個聰明人不是好事——可惜的是，這種結局不算少見。

別理會你身邊那些想法負面的人。

你可能會覺得別人對你說的那些話都是衝著你來的，其實往往未必如此，說話者只不過是將自身的挫敗和氣餒投射在你身上。

別讓負面思考的人把你拉低到跟他們同樣的水準，把他們的話當成耳邊風就好。請和懂得追求進步的人為友，和他們一同向上爬。

只要抱持正確思維，你一定辦得到！

特別提醒：請小心揀選徵詢意見的對象。在大部分組織，你都會遇到「經驗老到」、喜歡給建議的人，非常熱心為你提供資訊。有次我偶然聽見有個愛給建議的人對剛進公司的聰明年輕人講解辦公室生態，這人如此說：「想在這裡混，最好就不要跟任何人扯上關係。要是他們知道有你這個人，就只會把更多工作丟給你。特別注意離Z先生（部門經理）遠一點，要是他嫌你手上的事不夠多，就會用一堆工作壓垮你……」

這個愛給建議的人已經在公司待了將近三十年，卻依然停留在公司基層。對一個想在業界往上爬的年輕人來說，這種顧問未免也太沒助益了！

很多人誤以為成功人士高不可攀。事實絕非如此，通常一個人越是成功，會越謙遜、越樂於伸出援手。他們真心喜愛工作，渴望成功，自然會希望事業傳承下去，也希望自己退休時有優秀人才接班；只有那些「奢望當大人物」的人才莽撞無禮、難以接近。

一位高層主管說得很清楚：「我是很忙，但我的辦公室門上不會掛『請勿打擾』的牌子。接受員工諮詢是我的其中一個重要職責，雖然公司為每個人都提供了幾種標配訓練，但有人需要的話，我隨時可以提供個人諮詢，我喜歡稱之為『輔導』。

「不管是跟公司有關的，還是私人問題，只要有人進來找我，我隨時都準備好協助。如果有人展現好奇心，真心想進一步了解自己的職務、了解這份工作和其他職務的關係，這種人，我是最喜歡提供幫助的。

「可是，」她說：「假如不是真心尋求我的建議，那我也不想浪費時間在對方身上，原因就不用我說了。」

如果你心有疑問，請直接向一流人才求助吧。徵詢輸家的意見，就跟請教庸醫如何治癒癌症沒有兩樣。

現在，許多主管在遴選擔任重要職務的人才時，都會先和對方的伴侶談談。一位業務主管對我解釋：「我想確定這位人選的家人會支持他、配合他，不會反對出差、工時不固定等工作帶來的不便，而是會協助他熬過那些不可避免的辛苦時期。」

現在的主管都明白，一個人平日晚間跟週末的生活會直接影響工作表現。相較於家庭生活乏味、抑鬱的人，把個人生活積極過好的人幾乎總是更事業有成。

來看看約翰跟米爾頓這兩位同事平常是怎麼度過週末，以及最終的結果。

約翰週末的精神糧食是這樣的：一般來說，其中一晚會和慎選過的有趣朋友共度，另一晚多半會外出，也許看場電影，也許參與公共或社區事務，也許去友人家拜訪。約翰週六上午會參加童軍活動，下午辦雜事和處理家務，經常會做些特別計畫，目前的計畫是在後院打造一個休憩露台。週日，約翰會安排特別的家庭活動，最近一次週日他們全家去爬山，另一天去了博物館。他們偶爾會開車去附近的鄉下出遊，因為約翰打算過陣子在鄉下買個房子。

週日晚上則靜靜度過，約翰通常會讀本書，看看新聞。

總結而言，約翰一向妥善規劃週末，安排各式各樣新鮮有趣的活動，從不無聊。約翰的心靈經常受到如暖陽的滋潤。

米爾頓的精神糧食不如約翰那麼均衡，他從不認真規劃週末。週五晚上，米爾頓多半「很累」，但他會形式上問問老婆：「今天晚上打算幹嘛？」「不過計畫就到此為止了，米爾頓和妻子沒什麼消遣，也很少受邀。週六早上，米爾頓睡得很晚，接下來一整天則做各種雜務，晚上通常跟家人看電影或看電視（「不然要幹嘛？」）。週日米爾頓會在被窩中度過大半個早晨，下午開車拜訪比爾跟瑪莉，要不就是對方開車來找他們。（這兩位是唯一一對米爾頓跟太太會定期來往的夫妻。）

米爾頓整個週末都感到很無趣。等到週日晚上到來，全家人已經被關到快抓狂了，看彼此都很不順眼，雖說不會沒完沒了地激烈爭執，但心理上的煎熬卻十分漫長。米爾頓的週末既乏味、鬱悶又枯燥，心靈得不到如暖陽的滋潤。

這兩種家庭環境對約翰跟米爾頓有什麼影響？如果單看一、兩個禮拜，大概看不出什麼端倪；但如果拉長到幾個月、幾年來看，影響就非常驚人了。

約翰身處的環境讓他精神抖擻、靈感泉湧、思考速度更快，就像吃了牛排的運動員。米爾頓的環境讓他精神枯竭，思考機制大大受損，像個只吃糖果、喝啤酒的運動員。或許約翰跟米爾頓眼下做著差不多的工作，但未來幾個月必定逐漸拉開大幅差距，而且領先的人會是約翰。

沒細究箇中緣由的旁人可能會說：「哎呀，我猜約翰的能力就是比米爾頓好。」但我們這些深諳內情的人就明白，工作表現的差異源於兩人攝取的精神糧食不同。

住在玉米帶的每個農夫都知道，在玉米上灑許多肥料會大大豐收。思維也是一樣，想要更好的成果就必須提供更多養分。

上個月，我和太太受一名百貨公司主管與他妻子之邀，跟其他五對夫妻度過美好的一晚。由於我跟太太逗留得比其他人久一點，而且我跟男主人很熟，於是趁機問男主人一個我想了整晚的問題。我說：「今天晚上真是愉快極了，但我想不透一件事。我以為今晚的客人大多會是零售業主管，但你邀請的人卻來自各行各業，像作家、醫生、工程師、會計師跟老師這些人。」

他微笑著說：「嗯，我們也很常邀請在零售業工作的人。不過，海倫跟我覺得和不同職業的人交流能讓自己眼界不同。要是我們只邀請興趣相近的人，恐怕就會落入千篇一律、毫無新意的生活。

「何況，」他繼續說：「跟人接觸就是我的工作。每天都會有成千上萬的人光顧我們的百貨，他們可能來自形形色色的行業，我越能理解其他人，越了解他們的想法、興趣跟觀點，我就能把工作做得更好，提供他們想要、也願意花錢購買的產品與服務。」

要把社交環境提升至一等一，有幾個簡單的訣竅：

1. 打進新的圈子。

要是社交環境侷限在相同的小圈圈，你會覺得無趣、枯燥、無法滿足。也請務必謹記，如果想落實成功計畫，得先成為瞭解人的專家。想從一個小圈圈學到所有關於人的知識，就像只讀一本小書就想精通數學。請結交新朋友、加入新團體，拓展社交圈。如同接觸各式各樣的事物，接觸各式各樣的人也會讓自己的生活更加精彩、更有深度，這是絕佳的精神糧食。

2. 選擇觀點和你不同的人當朋友。

在這個時代，心胸狹窄的人前途黯淡，能夠用不同觀點看待事情的人才能承擔重任，身居要職。假如你支持某個黨，一定要結交幾個支持不同黨派的朋友，反之亦然。但是，記得確定對方是真正具有潛力的人。

3. 避免選擇小家子氣、拘泥於微不足道小事的人當朋友。

比起關心你的想法是什麼、談論什麼話題，如果有人更在乎你家有幾坪大、買了什麼或沒買什麼家具，這種人往往很小家子氣。請保護好自己的心理環境，選擇喜愛正面事物的朋友、真心希望你成功的朋友，結交鼓勵你擬定計畫、追求理想的朋友。假如不這麼做，假如你挑選眼界窄小的人當密友，你自己必定也會漸漸成為眼界狹小的人。

八卦是思維毒素

美國人對毒素非常警覺——我指的是對身體有害的毒素。每間餐廳都非常小心防範食物中毒，一旦爆發中毒事件，客人就不會上門。我們會把（或宣導要把）含有毒物質的東西放在家裡架子最上層，不讓小孩碰到。我們想盡辦法避開對身體有害的毒素，這麼做也很對。

可是，世上潛伏著另一種毒素，也就是對思維有害的毒素，大家通常稱之為「八卦」。思維毒素有兩個跟身體毒素不同之處：它影響的不是身體，而是心智，而且更加幽微，被毒害的人往往不自知。

思維毒素隱而不顯，卻是後患無窮。這種毒素迫使我們關注無關緊要的枝微末節，導致我們格局變小；它扭曲、改變我們對別人的想法，因為這種思維是奠基於遭到曲解的事實；也會導致我們產生罪惡感，一旦與我們在背後議論八卦的對象碰到面就會流露出來。思維毒素和正確思維八竿子打不著關係，是徹頭徹尾的錯誤思維。

和主流觀點不同的是，八卦絕非女性的專利。每天，許多男人同樣身處或多或少被毒素滲透的環境；每天，男人舉辦上千場八卦盛會，談論「老闆的婚姻或財務問題」、「比爾為了往上爬又在玩弄手段了」、「約翰會不會被調職」、「為什麼湯姆得到特別照顧」、「為什麼他們要找那個新人進來」。八卦的講法都是這樣的：「喂，我剛剛聽說……不會吧，為什麼……嗯，我是不意外啦……他就活該啊……當然，這個絕對不能說出去……」

對話是構成心理環境的重要環節。有些對話很健康，能夠鼓舞你，讓你覺得像在春日暖陽下散步；有些對話則讓你宛如置身寒冬。

還有一些對話像是穿過有毒的輻射雲，讓你無法呼吸、頭暈想吐，把你變成輸家。

八卦只是關於他人的負面對話，受害於思維毒素的人會漸漸覺得自己很喜歡八卦，似乎從說別人壞話中得到某種有毒的愉悅感，卻不曉得自己在成功人士眼中越來越不討喜、不可靠。

有次我和幾個朋友談論班傑明・富蘭克林，這時碰巧有個像這樣對思想毒素上癮的人走進來，這位掃興的人一知道我們在聊的話題，立刻提起幾個跟富蘭克林私生活有關的負面傳聞。也許富蘭克林做人確實有些缺點，如果十八世紀就有八卦雜誌的話，他說不定真的會上那些雜誌；但重點是富蘭克林的私生活和當下談的內容毫無關聯，我不禁慶幸我們不是在聊某個熟識的人。

想談別人的事？當然可以，但只談正面的事就好。

我得聲明，談話不一定都算是八卦。大學生在宿舍談天、同事討論公事，或甚至是單純的閒聊，這些有時都是不可或缺的交談，有建設性的談話自有其必要。以下這個測驗能檢測你是不是個愛聊八卦的人：

1. 我會散播其他人的謠言嗎？
2. 我是不是只說別人的好話？
3. 我喜歡聽人講醜聞嗎？
4. 我是否只根據事實來評斷一個人？
5. 我會不會鼓勵其他人跟我說謠言？
6. 我會不會用「這件事不要告訴別人」當做對話的開頭？
7. 應該保密的事我會保密嗎？
8. 對於我所說關於別人的事，我會不會內疚心虛？

正確答案應該很明顯。花點時間思考這個道理：拿斧頭把鄰居的家具劈碎，並不會讓你自己家的家具更好看；把言語當成斧頭或手榴彈來攻擊他人，完全沒辦法讓你我變成更好的人。

要做就要做到第一等——無論做什麼事，即便只是買東西和服務，都該遵循這個絕佳原則。有一次，為了證明「要做就要第一等」的思維適用於任何情境，我請幾位學員各想一個省小錢、卻花了大錢的例子，以下是其中幾個回答：

「我在一間有點奇怪的店買了件廉價西裝，本來還以為撿到便宜，但那套西裝實在很爛。」

「我的車要換自排變速箱，有間雜牌修車行報價比原廠授權修車行便宜二十五美元，結果『新的』變速箱只開了一千八百哩就不行了，那家修車行還不肯修理。」

「好幾個月來，為了省錢，我都在一家很便宜的小吃店吃飯。那家店不算乾淨，餐點不怎麼好吃，服務嘛——嗯，根本稱不上服務。有天一個朋友邀我跟他一起去當地最好的餐廳吃飯，他點了商業午餐，我也跟著點了，結果那次體驗讓我驚豔極了：餐點美味，服務周到，氣氛也好，價錢只比那家小吃店貴一點點。我學到重要的一課。」

諸如此類的答案還有許多。有位學員說他找了個收費「很划算」的會計，結果在國稅局那邊遇上麻煩；另一位學員找了個收費低廉的醫生，後來發現醫生診斷完全錯了；其他人也說了各種像是找二流工人裝修家裡、訂二流飯店、買二流產品跟服務的代價。

當然，很多人反駁我說「我又負擔不起最高等的錢」。最簡單的答案是：可你承擔不起不這麼做的代價。長遠來看，比起屈就於二流，直接選擇一流的，絕對更讓你省事。再來，同樣的道理：擁有寥寥幾件高品質的物品，比擁有無數垃圾好多了。好比說，擁有一雙頂級的鞋子遠勝擁有三雙二流的鞋子。

別人往往會下意識用有沒有質感來評價你。培養對品質的敏銳度絕對有好處，而且不會比二流產品貴太多，甚至長遠來看會更省錢。

7個方式打造讓自己成功的環境

1. 留心環境。

    正如身體攝取的飲食會形塑身體，心智攝取的飲食也會形塑心智。

2. 打造協助自己成功的環境，別讓環境阻撓自己。

    不要受抑制力量（負面思考、滿嘴說著「怎麼可能辦到」的人）影響，讓你滿腦子只有失敗。

3. 不要讓眼界窄小的人阻礙你。

    眼紅的人只想看你失敗，別讓他們得逞。

4. 向成功人士徵求建議。

    你的未來很重要，別聽信活得像輸家、卻愛給建議的人，那只是拿未來去冒險。

5. 多讓心靈曬曬暖陽。

打入新的圈子，探索新鮮刺激的事情。

6. 排除環境中的思維毒素，避免八卦。

可以談論別人，但千萬只談好事。

7. 不管做什麼，要做就要做第一等。

因為你承擔不起不這樣做的代價。

第八章

讓正確態度成為你的盟友

MAKE YOUR ATTITUDES YOUR ALLIES

你會讀心術嗎？讀心比你想像的簡單。或許你從來沒發現，但你每天都會讀別人的心思，別人也會讀你的心思。

這是怎麼辦到的？其實我們自然而然就會了，方法就是：從衡量他人的態度得知。有首老歌叫〈不懂「愛」怎麼說，也能表達愛〉，平・克勞斯貝在多年前將這首歌唱紅，歌詞簡單，卻蘊含深刻的應用心理學。就算不懂「愛」怎麼說，你也能表達愛，任何曾墜入愛河的人都明白這個道理。

即使不知道要怎麼說，你也能傳達「我喜歡你」、「我討厭你」、「我覺得你很重要或不重要」、「我嫉妒你」。即使不知道用什麼詞彙，甚至不需要言語，你也能夠傳達「我喜歡這份工作」、「我好無聊」、「我餓了」。人類不需要語言就能傳情達意。

我們的想法會反映在行為舉止上，態度則會反映出我們的心理與思維。

你讀得到櫃台服務人員的心，只要觀察對方的神態和言行舉止，你就感覺得到他們是如何看待自己的工作。你讀得到上班族、學生、丈夫、妻子的心——不只是讀得到，而是你已經在讀了。

優秀的演員年年都有電影電視搶著要，某方面來說，他們其實根本不是「演員」。這些人並不只是扮演角色，而是捨棄原有的自我，徹底照著要飾演的角色那樣思考與感受。他們非這麼做不可，否則會看起來像個假貨，評價也會跌入谷底。

態度不僅能從行為舉止看出來，也能從語氣中聽出來。當一個祕書說：「早安，XXX辦公室您好。」她不僅是報上辦公室名稱，更在短短幾個字中傳達出：「我覺得你是個好人，很高興你來電，我認為你很重要，我喜歡這份工作。」

然而，換成另一個祕書說完全相同的句子，可能傳達的卻是：「你打擾我了，真希望你沒打來，我覺得這份工作很無聊，我不喜歡來煩我的人。」

我們會透過表情、聲調和抑揚頓挫判斷別人的態度，原因是在人類漫長的歷史中，現代口說語言的雛型是相當晚近才出現。如果用時間來看，語言就像是今天早上才出現的一樣；數百萬年來，人類只懂得呻吟、呼喊、吼叫、嘶嚎。

因此，數百萬年來，人類與他人溝通的方式不是言語，而是肢體、表情和聲音。至今，我們依然用同樣方式向他人傳達自己的態度與感受。除了直接的肢體接觸，我們只能仰賴身體動作、臉部表情和聲音來跟嬰兒溝通，但小孩辨別假貨的能力堪稱高超。

美國最受敬重的領導學權威艾爾文・H・謝爾教授曾說：「一個人顯然無法光靠資源或能力就有所成就。我認為，關鍵的相關因子（你也可以稱之為催化劑）能總結為一個詞：態度。態度正確的話，我們就能充分發揮能力，因此必然獲得好的成果。」

態度決定一切

態度正確的業務員能超越原訂的業績目標；態度正確的學生能拿一百分；正確的態度會帶領人過著幸福美滿的生活。正確的態度能讓你有效地與人溝通，讓你成長為領袖。無論在什麼情境，正確態度都能為你帶來勝利。

培養以下這三種態度，不管做什麼都要與它們成為盟友：

1. **培養「我很有動力」的態度**
2. **培養「你很重要」的態度**
3. **培養「服務優先」的態度**

接下來看看該怎樣做到。

多年前，我念大二時選修了一堂美國史的課。我清楚記得那一堂課，原因不在於我學到豐富的美國史知識，而是我用非比尋常的方式學到成功人生的基本原則：**要激勵他人，得先激勵自己**。

那堂歷史課的學生很多，因此是在一間扇形教室上課。教授是個看來學養極佳的中年男子，然而講課卻枯燥無比。這位教授沒把歷史當成一個鮮活有趣的主題來教，只是講述一個接一個乏味的事實，能把這麼有趣的內容講得如此無聊簡直教人不可思議，但他確實辦到了。

你可以想像這位教授散發的無聊氣息對學生有什麼影響。講話、睡覺的情況層出不窮，逼得教授得找來兩個助教在走道巡邏，好阻止學生聊天，並把打瞌睡的人叫醒。

偶爾教授會暫停講課，對全班搖一搖手指，說：「我警告你們，好好聽我講課，不要再聊天了，就這樣。」這對學生來說自然沒什麼效果，畢竟其中不少人都是退役軍人，幾個月前還在戰場出生入死，在島嶼上、在轟炸機中寫下歷史篇章。

我坐在位子上，見證本該無比美好的學習體驗變成令人反感的鬧劇，對這個問題大惑不解：「為什麼學生都不聽教授在講什麼？」

然後我明白了答案。

學生對教授說的內容沒興趣，是因為教授自己也沒興趣。他覺得歷史很無聊，而他的心態也流露於外。**想要激勵他人、激發別人的熱忱，你自己得先有熱情。**

多年來，我在上百種不同情境驗證這個原則，屢試不爽。缺乏熱情的人永遠無法激發他人的熱情，但滿腔熱忱的人很快就會吸引熱情洋溢的追隨者。

熱情的銷售員從來不會擔心顧客不熱情；熱情的老師從來不擔心學生沒興趣；充滿活力的老闆從來不煩惱開會時員工打瞌睡。

熱情能帶來十一倍的好處。我認識一間公司，兩年前他們的員工捐了九十四點三五美元給紅十字會，但今年同一批員工儘管薪資還是差不多，卻捐了將近一千一百美元，是先前的整整十一倍。

只募到九十四點三五美元的募捐負責人毫無熱忱，只會說些這類的話：「我想這個單位值得捐。」「我從來沒直接連絡過他們。」「紅十字會是很大的組織，跟有錢人募了很多錢，所以你們捐不捐都沒差。」「想捐就來找我。」這個人完全激發不了別人加入紅十字會、付出更多貢獻的意願。

今年的募捐負責人則截然不同。他有熱情，舉出實際案例說明紅十字會是如何投入救助天災，解釋紅十字會要仰賴大家的捐款才能運作；他請員工想想，如果鄰居面臨災禍，他們願意捐出多少錢幫助鄰居。他說：「看看紅十字會做了什麼！」請注意，他不是用求的，他沒有說：「希望你們每人各捐多少錢。」他只是展現熱情，傳達紅十字會的重要，捐款自然成功地隨之加倍。

想想你是否知道哪個社團或組織團體正日漸衰微，要讓這個單位起死回生，需要的很可能就是熱情。

投注多少熱情，就能收獲多少成果。

熱情單純就是表達：「這很棒！」

以下三個步驟可以幫助各位培養熱情的力量。

1. 更深入瞭解

做個小實驗：想出兩樣你沒什麼興趣的東西，也許是撲克牌、某種音樂、運動，然後問自己：「我對這些究竟了解多少？」我敢說你的答案八成是「很少」。

我承認，多年來我對現代藝術都缺乏興趣，覺得那不過是一堆亂畫的線條，直到某位精通現代藝術、也熱愛現代藝術的朋友向我解說，經過深入瞭解之後，我才明白現代藝術的迷人之處。

這個練習蘊含要培養熱情的一項重要關鍵：想產生熱情，請多了解那個你缺乏熱情的事物。

你現在對熊蜂大概沒什麼熱情。但假如你深入研究熊蜂，理解熊蜂會帶來什麼好處、跟其他種類蜜蜂的關係、繁衍方式為何、冬季在哪裡生活……要是盡自己所能掌握關於熊蜂的所有知識，你很快就會發現自己對熊蜂頗有興趣。

為了向學員示範如何透過「深入瞭解」的技巧來培養熱忱，有時我會用溫室的例子來闡述。我會故作隨意地問大家：「你們誰對建造跟銷售溫室有興趣？」從來沒人給過我肯定的回答。接著我會講幾個跟溫室有關的點：我提醒學員，隨著生活水準提高，大家越來越有興趣購買非民生必需品；有人想必會很享受在住家親手種植花草植物；既然有上萬個家庭負擔得起游泳池，那想必有上百萬人負擔得起蓋個溫室，畢竟溫室相對便宜；我告訴他們，只要五十個家庭中有一個家庭買了六百美元的溫室，就能發展價值六億美元的溫室建造事業，說不定還能帶動兩億五千萬美元的產業來供應植物跟種子。

這個練習唯一的麻煩在於，學員在十分鐘前本來還對溫室毫無興趣，這下卻滿腔熱血，完全不想討論下一個主題了！

請運用「深入瞭解」的訣竅培養對他人的熱情。盡可能瞭解另一個人，了解對方的工作、家庭背景、想法和願景，你會發現你對此人的興趣跟熱忱逐漸增加。繼續挖掘，你必定會找到彼此的共同興趣；再挖掘下去，你必定會發現底下藏著一個有趣的人。

「深入瞭解」的技巧也適用於培養對新環境的熱情。幾年前，我有幾個年輕朋友決定從底特律搬到佛羅里達州中部的小鎮，於是他們賣掉房子、收掉公司、和親友道別，就這樣出發了。

過了六個星期，他們又回到底特律。原因不是找不到工作，用他們的話來說，是因為：「我們就是受不了住在小鎮上，再說親友全都在底特律，我們覺得還是回來好了。」

後來我跟他們聊了幾句，才知道他們為什麼不喜歡那個佛羅里達小鎮的真正原因。住在那裡的短暫時光中，他們只粗淺地認識了當地社群、歷史、願景和居民。儘管他們人在佛羅里達，心卻留在底特律。

有的主管、工程師、業務員會因為公司希望安排他們遷調，但他們不願意，結果面臨職涯上的瓶頸。我跟許多這樣的人談過，他們經常會說：「我就是沒辦法想像搬去芝加哥（或舊金山、亞特蘭大、紐約、邁阿密）會是怎樣。」

有個方法能培養對新環境的熱情——很簡單，只要下定決心深入探索新社群就好。盡可能了解一切、和當地的人交流、從第一天就要像社群的一分子那樣感受和思考。這麼一來，你就能對新環境滿懷熱忱。

如今有非常多美國人投資公司股票，但還有數百萬人對此根本沒興趣，因為這些人並不熟悉證券市場，不熟悉股票如何運作，也不熟悉商業世界的奇妙之處。

無論對象是人、地點還是物品，如果想對任何事物產生熱情，那就去深入瞭解。深入瞭解就能讓你心生熱忱。下次非得做一件你不想做的事情時，下次你開始覺得無趣時，不妨善加運用這個原則。深入探索，興趣就會油然而生。

2. 在你做的每件事當中灌注生命

你的一言一行都會讓人感受到你是否心懷熱情。用心握手，握的時候就好好握，用力握住，向對方傳達：「真的很高興認識你。」「真的很高興又見到你。」拘謹保守、畏畏縮縮地握手倒不如不要握，因為別人只會覺得「這個人死氣沉沉的，好沒活力」。想想看，有哪個成就斐然的人會拘謹地握手？你一定想很久也想不出來。

用心微笑，微笑時瞇起眼睛。沒人喜歡做作、虛偽、缺乏溫度的假笑，如果要笑就真誠地笑。露幾顆牙齒，也許你的牙齒不好看，但好不好看不是重點，因為你微笑時別人看見的不是牙齒，而是一個性格溫暖、熱情的人，一個討人喜歡的人。

用心說「謝謝」。一句例行性的、機械式的「謝謝」，就跟說「嘰哩咕嚕」差不多，只不過是個無意義的詞彙，表達不了任何意思，起不了任何效果。讓你的「謝謝」真的傳達出「非常感謝你」。

用心說話。知名口說表達專家詹姆士・F・本德博士著有《如何把話說好》一書，他在這本精彩著作中寫道：「你的『早安』夠不夠親切？『恭喜』夠不夠熱情？『你好嗎』聽起來是否真的在關心對方？養成習慣用真誠的情感說每一句話，你會發現別人給你的關注大大增加。」

假如一個人相信自己所說的話，會更容易受到支持。用心說話，在言語中注入活力，無論是跟社團同好、潛在客戶或小孩說話，都要在說的話當中灌注熱情。心懷熱忱講課，能讓學生記住好幾個月，甚至好幾年；缺乏熱情地講課，學生沒多久便拋諸腦後。

在言語中注入活力，你也會自然而然變得更有活力。馬上試試看就知道了，請試著充滿精神地用力大聲說：「我今天覺得棒透了！」跟說這句話之前相比，你是不是真的覺得好多了？讓你整個人充滿生命力吧。

灌注生命，一舉一動之間都要傳達：「這個人活得精彩。」「他是真心的。」「他的前途一片光明。」

3. 散播好消息

你我都經歷過很多次這種場景——有人衝進門大喊：「我有好消息要宣布！」現場每個人都會立刻全神貫注地看著這個人。好消息不光能吸引注意力，還能讓人開心，激發熱情，甚至促進消化。

雖然散播壞消息的人比散播好消息的人多，但千萬要搞清楚，散播壞消息絕對沒辦法讓你交到朋友、賺到錢，或成就任何事情。

向家人宣揚好消息，對他們說今天發生的好事，回想自己遇到什麼有趣、愉快的經驗，把不愉快的事就此埋葬。將好消息傳遞出去；傳遞壞消息毫無意義，只會讓家人擔憂緊張。每天都帶一些希望回家吧。

你有沒有發現小孩很少抱怨天氣？他們坦然接受炎熱的天氣，直到報導負面新聞的媒體讓小孩學會在意不舒服的氣溫。培養習慣，無論天氣如何，都只說天氣帶來的好處。抱怨天氣只會讓自己心情沮喪，連帶讓他人不快樂。

請傳達自己心情好的訊息。當個會說「我很開心」的人，一有機會就說「我很開心」，你會真的覺得很好。同樣，如果跟別人說：「我覺得糟透了，糟到極點。」那你真的會心情更差。我們有什麼感受，很大程度取決於我們認為自己有什麼感受。也要記住，別人都喜歡跟生氣勃勃、滿懷熱情的人相處，因為跟愛抱怨、死氣沉沉的人相處很不舒服。

向與你共事的人宣揚好消息。一有機會就鼓勵、稱讚他們，對他們說公司在做哪些正面的事，傾聽他們遇到的問題，提供幫助。鼓舞大家，贏得他們的支持，表揚他們的工作成果。讓他們心懷希望，明白你相信他們會成功，明白你對他們有信心。請多練習協助他人排解憂慮。

定期做個小測試，檢驗自己是否走在正確的道路上。每次要跟一個人分別時，都問自己：「這個人跟我談過之後，心情有沒有真的好轉？」這個自我檢視的方法很有效，無論是對員工、同事、家人、顧客，或甚至是交情不深的朋友，都可以運用這個做法。

我有位業務友人相當擅長散播好消息。他每個月都會拜訪客戶，這時他總會準備一些能告訴客戶的好事。

例如說：「上禮拜我遇到你的一位好友，他要我代為問候。」「自從我上次來訪，又發生了不得了的事。上個月有三十五萬個小孩出生，新生兒越多，代表我們倆的生意都會更好。」

我們多半以為當銀行總裁的人會極度拘謹、沒什麼情緒，不太會熱絡待人。但有個銀行總裁不一樣，他接起電話時常說：「早安！世界真美好，要不要跟我買點貨幣呢？」有的人可能會認為銀行家這樣說話不太妥當，不過容我告訴各位，這麼打招呼的人是公民與南部國家銀行總裁米爾斯・連二世，那是美國東南部最大的銀行。

好消息會帶來好結果，把好消息散布出去吧。

我最近拜訪了一間刷具製造公司，他們總經理桌上擺了一句裱框精美的格言，方向是朝著訪客的座位，上面寫著：「對我口說好話，否則不如不說。」我讚賞了幾句，說我覺得這麼做很聰明，可以鼓勵他人樂觀思考。

他微笑回答：「這是很有效的提醒，不過我這一面更重要。」他把框轉過來讓我看朝他的那一面，上面寫道：「對他口說好話，否則不如不說。」

散播好消息能讓你更有動力、心情更好，也會讓別人的心情更不錯。

讓對方感受到重視，就會收到最好的回報

有個絕對不容忽略的事實：無論住在印度，還是印第安那州，無論是無知抑或聰明、有教養還是粗俗、年紀是老是小，只要是人都會有同樣的渴望：想要受到重視。

好好思考這個事實。每個人——沒錯，包括你的鄰居、你自己、你妻子、你老闆在內，每個人天生都渴望受人尊敬。想要當個重要人物，是人類最強烈、最無法抗拒的欲望，不分血緣、種族皆是如此。

成功的廣告商都知道，民眾渴望受人另眼相看、特殊待遇、尊重禮遇。想要締造業績，就得用諸如此類的宣傳文案：「聰明的主婦都選這款」、「品味好的人都懂得用XX」、「只給你最好的」、「成為眾人羨慕的焦點」、「讓妳受女人羨慕，受男人仰慕」。這些廣告詞總歸一句話就是：「只要買這個產品，就能讓你躋身一流。」

滿足別人想受到重視的這份追求、這份渴望，你就會迎來成功。在成功必備的工具箱中，這是最基礎的工具。然而（請把下面這句話讀兩遍，再繼續往後面讀）儘管展現「你很重要」的態度能帶來好處，而且一毛錢也不用花，卻很少人懂得使用這個工具。接下來讓我告訴各位為什麼。

從哲學層面來看，美國的政治、法律、整個文化都奠基於一個信念：個體很重要。

舉例而言，假如你自行駕駛飛機，迫降於杳無人煙的山區，你出事的消息一傳出去，旁人就會為了你展開大規模搜救。不會有人問：「這傢伙重要嗎？」即便除了你是個人類之外大家對你一無所知，直升機、步行搜救隊都會開始找你，除非是找到你了或是希望徹底破滅，否則大家都會持續尋找，在這個過程中不惜花費巨資。

假如一個小孩跑進森林迷路，摔進河裡，或是面臨其他危險的困境，沒人會在意他是不是哪個「重要」家族的小孩。大家會想盡辦法救他，因為每個孩子都很重要。

粗略估計，在世上所有活著的生物當中，人類大概只占不到千萬分之一。每一個人都是稀有生物，每一個人在老天爺的安排中都很重要。

接下來談談務實層面。不幸的是，一旦討論主題從哲學變成了日常生活，大部分的人在切換思維的過程中，都會把「個體很重要」這個理想給拋到腦後。明天好好觀察一下，多數人會展現出來的態度都是：「你算哪根蔥，你誰也不是，對我來說你一點也不重要，完完全全不重要。」

「你根本不重要」的態度廣為盛行是有原因的。多數人看到別人都會心想：「這傢伙沒辦法幫上我什麼，所以此人不重要。」

然而，這正是大家常犯的謬誤。不管對方的身分地位、薪資收入是高是低，他／她對你而言都很重要，這背後有能為你帶來益處的兩大原因。

首先，對方覺得受到重視的話，會願意為你做更多事。多年前在底特律，我每天早上都搭同一班公車上班。那位司機的脾氣相當暴躁，我好幾十次（搞不好有上百次）目睹他不顧路人拚命揮手、吶喊、狂奔，在路人只差一兩秒就能上車時從街邊駛離。幾個月過去，我發現這個司機只對一個乘客特別有禮貌，而且這位乘客多次受到他的優待，因為他願意等候這位乘客。

原因何在？因為這位乘客費心讓司機感受到重視。每天早上，他都會用心向司機真誠地打招呼：「早安，司機先生。」有時這位乘客會坐在司機附近，說些諸如此類的話：「你真是責任重大。」「每天在這種車陣開車，一定需要強大的意志力。」「你開車真的很準時。」那位乘客讓司機覺得自己備受敬重，彷彿他開的是能載一百八十位旅客的飛機，於是司機也對那位乘客非常禮遇。

用對待大人物的尊重來對待「小」人物，一定能為你帶來好處。

就在這一刻，在美國各地成千上萬的辦公室當中，有的祕書會幫老闆賺錢，有的卻讓老闆丟生意，一切全取決於老闆怎麼對待祕書。**讓人感到備受重視，對方就會在乎你；只要對方在乎你，就會為你做更多。**

客戶願意向你買更多產品，員工願意為你更盡心盡力，同事願意花更多心思與你合作，老闆願意向你伸出更多援手……一切只需要你讓對方感受到重視。

讓「大」人物覺得更受禮遇也有好處。懂得 Think big 的人會看到別人最好的一面，增加別人的價值；正因大格局的人會以寬闊的心胸待人，因此也將獲得別人最好的回報。

讓別人感受到重視的第二大理由是：**讓別人覺得自己很重要的話，你也會覺得自己很重要。**

有一位電梯操作員載我「上上下下」好幾個月，她渾身散發著自己「毫不重要」的氣息。這位操作員年約五十，不算漂亮，無疑對工作缺乏熱情，顯然她想受人重視的渴望是完全沒得到滿足。好幾百萬人都一連數月過著千篇一律的日子，從來不認為有誰注意到或關心自己，她就是其中之一。

在我成為她的固定「乘客」之後不久，有天早上我發現她換了髮型。新髮型稱不上多華美，一看就知道是在家自己弄的，不過她把頭髮剪短了，確實比較好看。

於是我說：「S小姐（作者註：在那之前我已經知道她的名字），妳的新髮型真好看，我覺得很棒。」她的臉一紅，說：「謝謝，先生。」差點錯過要停靠的下一層樓。這句讚美讓她很高興。

隔天早晨，驚人的事發生了，我踏進電梯時聽見一聲：「早安，斯瓦茲博士。」在此之前，我從來沒聽這位操作員稱呼誰的名字。之後，我的辦公室還在那棟大樓的期間，我也從來沒聽她稱呼任何人的名字，唯獨我例外。我讓那位操作員感到備受重視，因為我真誠地讚美了她，還叫了她的名字。

我讓她覺得自己很重要，於是她也讓我覺得我很重要，以此作為回報。

我們就別自欺欺人了，假如一個人內心深處不認為自己很重要，那這人註定流於平庸。我必須再三強調這個道理：**想要成功，你一定要覺得自己很重要。讓別人覺得自己很重要能為你帶來好處，是因為你也會覺得你很重要。**試試看就知道了。方法如下：

1. 練習表達感謝。

每次都向別人表達感激，謝謝他們為你做的事。千萬、千萬不要讓任何人覺得你把他們視為理所當然。練習在表達感激時面帶親切真誠的微笑，笑容會讓別人知道你注意到他們，而且對他們心懷友善。

讓別人知道你有多倚賴他們，藉此練習表達感謝。真摯地說：「少了你我真不曉得該怎麼辨。」這種話能讓對方覺得自己不可或缺，只要他們認為自己不可或缺，工作表現就會越來越好。

練習用誠懇、專為對方設想的讚美來表達感謝。人都喜歡讚美，不管是兩歲或二十歲、九歲或九十歲，是人都渴望讚美，希望有人說自己表現得很好，說自己很重要。可別認為只有重大成就才需要稱讚，多讚美別人身上的一些小事：例如外表、執行例行事務的方式、點子、付出的努力等都可以。你可以寫封親筆信，稱讚某個認識的人獲得了什麼成就，也可以特別打個電話或登門拜訪。

不要浪費時間跟心力把別人分成「很重要的人」、「重要的人」或「無關緊要的人」。對人一視同仁。無論對方是收垃圾的人，還是公司的副總經理，只要是人，對你都很重要。以二流態度對待別人，絕對不會帶給你一流成果。

2. 練習稱呼別人的名字。

聰明的製造商光是在產品上標註購買人的名字，就能賣出更多公事包、筆和其他成千上百種商品。人都喜歡被用名字稱呼，聽到有人用名字呼自己，每個人都會心花怒放。切記兩點：咬字要正確，筆劃也要正確。要是你念錯或寫錯對方的名字，對方會覺得你不重視自己。

特別提醒，跟你不那麼熟悉的人交談時，應該加上適當稱謂，例如小姐、先生或太太。比起直接喊名字，在辦公室做雜務的年輕人更喜歡別人尊稱他「某某先生」，你的小助理也是，每個人不分職位高低都是如此。小小一個稱謂，就能大大讓人感受到重視。

3. 不要獨攬功勞，請反過來投資在別人身上。

最近我受邀參加一場持續一整天的業務大會，晚餐過後，那間公司主掌銷售業務的副總經理頒發獎項給兩位區域經理，分別是一男一女，他們率領的業務單位在剛結束的前一年業績最好。接著，副總經理請這兩位區域經理致詞十五分鐘，告訴大家為何他們的部門能有如此非凡的成績。

第一位區域經理上台，開始說他是怎麼辦到的。我後來得知，他三個月前才升上經理，所以那個部門的業績他其實只有一部分功勞。

從他的話聽來，業績之所以成長都是靠他一個人的努力，諸如此類的話貫串整段致詞：「我上任之後做了這個那個」、「原本每件事都亂七八糟，是我出手整頓的」、「當時處境很艱難，但我掌控全局，始終不肯放棄」。

在他致詞時，我看見他下面的業務員表情越來越憤恨。區域經理為了獨攬功勞而對他們隻字不提，他們為了提升業績所投注的心血徹底遭到抹滅。

接下來，換第二個區域經理上台簡短致詞，但這位女士的作風大相逕庭。首先，她解釋說她的部門會成功，全都是業務團隊的功勞；然後她請每位業務員站起來，真誠地表揚他／她所付出的努力。

注意這個差別：第一位經理把副總經理的讚揚全攬在自己身上，卻因此得罪了下屬，整個業務團隊士氣大降。第二位經理則把讚美讓給業務團隊，讓那些表揚發揮更大功效。這位經理深知讚揚就像金錢一樣，可以用來投資賺取股利；她很清楚，給予業務團隊應有的讚賞會讓他們明年更努力工作。

切記，讚美就是力量。把公司高層給你的讚美轉而用來投資，讓給下屬，這麼做會鼓舞下屬表現得更優秀。分享讚美，能讓下屬明白你真心欣賞他們的價值。

有個日常練習能帶來超乎預期的回報：天天問自己，「我今天能用什麼方式讓伴侶跟家人開心？」

這個練習看起來簡單到不行，效果卻出奇的好。有天晚上，我在一堂業務培訓課談

「打造帶來亮眼業績的居家環境」，為了闡述一個道理，我問現場的業務（他們都已婚）：「除了結婚紀念日或生日，你上一次特別買禮物、要給伴侶驚喜是什麼時候？」

答案連我都很詫異。在三十五名業務員之中，只有一個人曾在上個月給伴侶驚喜，其他許多人都回答「三個月到六個月之間」，超過三分之一說「不記得了」。

真是匪夷所思！怪不得有些人結婚後會疑惑，為何另一半再也不把自己捧在手心裡。

我想讓這些業務員明白，貼心的禮物有多大的威力。隔天晚上，我請一位花店的人在課程快結束時過來，然後告訴學員：「我希望你們也能夠體會，小小的驚喜對營造居家環境有多大的好處。我請店家為你們每人準備一朵美麗的長莖紅玫瑰，只要五十分錢。要是你身上沒有五十分錢，或是你覺得你老婆不值得五十分錢（學員大笑），那我替你出錢買花給她，你只要帶玫瑰花回家送給老婆，明天晚上再來告訴我們發生什麼事。

「當然，不要跟她說你是怎麼買這朵玫瑰花的。」

大家都知道該怎麼做了。

隔天晚上，每個人都回報這小小五十分錢的投資就讓另一半很開心。

經常為自己家人做些特別的事，這件事未必需要花什麼大錢，體貼的心意最重要，任何能讓家人感受到你把他們放在第一位的事都好。

讓家人願意支持你，請記得妥善規劃，並對他們付出關心。

在這個繁忙的時代，很多人彷彿永遠找不到陪伴家人的時間。可是只要好好規劃，我們就能把時間找出來。這是某公司副總經理告訴我的方法，他說對他很有用：

「我的職務繁重，每天晚上都不得不帶一堆工作回家，但我不會忽視家人，因為他們是我人生中最重要的事，我這麼拚命工作就是為了他們。我擬定了既能陪伴家人、也能好好工作的時間表：每天晚上七點半到八點半，我專心陪兩個小孩，跟他們玩遊戲、念故事給他們聽、畫畫、回答問題，做任何他們想要做的事。陪孩子一個小時後，他們不但很開心，我自己也精神更好。八點半小孩上床睡覺，我則坐下來工作兩小時。

「十點半我停止工作，之後一小時留給太太，我們談小孩、談她在做什麼、談對未來的規畫。在這個小時當中，我們不受任何人打擾，用這方式結束一天再美好不過了。

「我也會把週日留給家人，一整天陪伴他們。我用有條不紊的計畫給予家人他們應得的關注，我發現這麼做不但對他們有好處，對我自己也有益，讓我更精力充沛。」

把服務擺在第一位，錢財自然隨之而來

人想賺錢、累積財富，這是再自然不過，也是值得追求的渴望。錢有辦法為你和家人提供應得的生活水準，錢有辦法幫助不幸的人，錢是讓你活出精彩人生的手段之一。

偉大的牧師魯塞・H・康維爾著有《鑽石就在你身邊》，他由於鼓勵大家賺錢而飽受批評，但他說：「有了錢才印得了聖經，有了錢才蓋得了教堂，有了錢才能讓傳教士到各地傳福音，有了錢才能讓牧師維持生計，要是付不了錢給牧師，教會大概也剩不了幾個牧師了。」

如果有人說想過貧窮的日子，內心多半深受罪惡感所苦，要不就是自認不夠好，就像青少年自認在學校沒辦法拿A，或進不了校隊，索性假裝自己不想拿A或不想打球。

因此，錢是值得追求的目標。奇怪的是，很多人試著賺錢，用的方法卻本末倒置。不管走到哪裡，我們都會遇到擺出「金錢第一」這種態度的人，然而這些人卻總是沒什麼錢。為什麼？原因很簡單：抱持「金錢第一」態度的人會過於錙銖必較，忘了必須先播下能長出金錢的種子，才能收穫財富的果實。

金錢的種子就是服務，因此抱持「服務優先」的態度能夠創造財富。以服務為優先，

金錢自然隨之而來。

某年夏天的夜晚，我開車經過辛辛那提。差不多該加油的時候，我停在一個加油站，那裡的外觀平平無奇，生意卻出奇好。

四分鐘後，我恍然大悟，明白這個加油站為何這麼受歡迎。那位加油員替我加滿油、打開引擎蓋檢查、擦拭擋風玻璃外部，接著走到我窗邊說：「先生，不好意思，今天風沙很大，讓我幫您擦一擦擋風玻璃的另一面吧。」

他快速、有效率、周到地替我擦了擋風玻璃內側，一百個加油站服務員當中也未必有一個人會做這件事。

這個小小的特別服務不只讓我在晚上看得更清楚（而且清楚許多），更讓我記住了這個加油站。機緣巧合之下，此後三個月我八度經過辛辛那提，當然每次都在同一個加油站加油，每次都獲得超乎預期的服務。有趣的是，每次我停在那個加油站（有一次是凌晨四點），都一定有其他汽車正在加油。算下來，我前後總共在這個加油站大概買了一百加侖的汽油。

我第一次停車加油時，加油員大可心想：「這個人是從外地來的，很有可能再也不會回來，幹嘛給他超過例行服務的待遇？反正他只會來加一次油。」

但那個加油站的服務員並不這麼想。他們將服務擺在第一，這也是為什麼其他加油站幾乎空無一人，這裡的服務員卻忙著加油。我不認為他們的汽油比另外別的十幾種牌子好，況且價格都差不多。

唯一的差別在於服務。很明顯，他們的服務帶來了收益。那位服務員在我第一次光顧時替我擦了擋風玻璃內側，也同時播下了金錢的種子。**服務優先，財富自然隨之而來**——屢試不爽。

服務優先的態度在任何情況都能帶來好處。我在初入社會時，曾經和另一個年輕人密切合作，姑且稱他為F。

F就跟各位認識的許多人一樣，滿腦子想著自己為何需要更多錢，而不是有什麼方法能賺更多錢。每個星期，F都把許多上班時間花在煩惱自己的財務問題上，他最喜歡的話題是：「我是全公司最被虧待的人，我告訴你為什麼。」

F也抱著一種很多人都有的態度：「這間公司那麼大，光利潤就好幾百萬，付那麼多人高薪，當然也應該要多付我一點啊。」

幾次加薪機會都輪不到F，終於有一天他下定決心，要跟上司討更多薪水。過了差不多半小時，F氣沖沖回來，從他表情就知道，下個月的薪資單會跟這個月完全一樣。

F立刻開始抱怨：「氣死我了！我跟那老頭說我要加薪，你猜那老頭回我什麼？他竟然好意思問我：『你為什麼覺得你有理由要求加薪？』

「我給了他一堆理由，」F繼續說道：「我說其他好幾個人都調薪了，只有我沒有；我說所有費用都一直漲，薪資卻沒有跟著漲；我說上面交代我做的工作我都做了。

「你信嗎？我需要加薪，可是他們不肯給我更多薪水，寧可把錢給其他沒有我這麼需要錢的人。

「搞什麼嘛，看他那副樣子，別人會以為是我在求他施捨咧。」F接著說：「他只會說：『等你的考績證明你值得更多薪水，你就會拿到更多薪水。』

「拜託，付我更多的話我當然會做得更好，笨蛋才做那種沒付錢卻叫他做的事。」

F是個活生生的例子，證明有些人壓根不曉得怎麼賺錢，他最後一句話可說是總結了他的謬誤。基本上，F希望公司先付他更多錢，然後他才肯做更多的工作，但現實不是這麼運作。光是因為你可能表現得更好，不會讓你加薪；唯有確實表現優異，你才會獲得加薪。假如沒播下賺錢的種子，你就收穫不了更多錢財，金錢的種子就是服務。

服務優先，財富自然隨之而來。

試想，以下兩位製片，哪位能靠電影賺到錢？第一位是只想快速致富的製片，他在監製一部電影時，由於重視金錢更勝娛樂效果（服務），於是他想盡辦法省成本。他買了寫得很糟的劇本，僱用二流寫手改寫；不管是找演員、安排片場，甚至是收音，他都把錢放在第一位。這個製片把看電影的人都當白痴，覺得觀眾分不出好電影跟爛電影。

但是，只想快速致富的製片很少真的能快速致富。大眾從來不會願意用一流的價格去買二流的東西。

第二位想從電影獲取最大收益的製片人則重視娛樂效果更勝金錢，他不會敲詐觀眾，而是盡可能讓觀眾獲得超乎預期的娛樂體驗。結果是大家看完片子都很喜歡，電影廣受討論，叫好叫座，大賺一筆。

還是那句老話：服務優先，財富自然隨之而來。

全心全意提供最佳服務的服務生不愁沒小費，因為小費自然會來。但對空咖啡杯置之不理的服務生（「幹嘛再倒？他們又不像是會給小費的人。」）不會拿到任何小費。

一個祕書願意把事情處理得比老闆預期的更俐落，未來拿到的薪水想必不會少。但要是祕書心想：「差一點有什麼關係？他們一個禮拜只付我六十五美元，還想要怎樣？」那她永遠只會拿六十五美元。

有個簡單卻效果超強的原則，可以幫助各位培養「服務優先」的態度：永遠給別人超乎對方預期的成果。你為他人多做的每件小事，都是金錢的種子。自願加班協助部門度過難關，這是金錢的種子；為顧客提供額外服務是金錢的種子，因為顧客會為此再度上門；落實一個能提升效率的點子，也是金錢的種子。

當然了，金錢的種子會結出金錢的果實。種下服務，收穫財富。

每天花點時間思考這個問題：「我該怎麼表現得超乎他人期待？」然後實踐自己所想到的答案。

服務優先，財富自然隨之而來。

3種方式培養迎向成功的態度

運用下列方式，培養能帶你迎向成功的態度。

1. 培養「我很有動力」的態度。

挹注多少熱情，就會得到多少成果。有三件事能提升你的動力：

• 更深入瞭解。如果你對某件事不感興趣，請去深入探索、了解更多相關資訊，這麼做能激發熱忱。

• 用心做每一件事：微笑、握手、說話，甚至是走路。展現你的生命力。
• 散播好消息。只傳遞壞消息的話，絕對不可能成就好事。

2. 培養「你很重要」的態度。
讓對方感覺備受重視，對方就會對你特別好。記得做這幾件事：
• 一有機會就表達感謝。
• 讓別人感受到自己很重要。
• 稱呼別人的名字。

3. 培養「服務優先」的態度，靜待財富隨之而來。
無論做什麼事，都務必做到這點：永遠給別人超乎預期的成果。

第九章
對他人抱持正確的態度
THINK RIGHT TOWARD PEOPLE

成功仰賴他人的支持

獲得成功有個簡單的法則，請務必謹記在心。這個法則就是：成功得仰賴他人的支持。在你和你想要的事物之間，唯一的阻礙就是能否得到他人的支持。

想想看，高階主管必須仰賴別人執行自己的指令，要是下屬不肯照做，會先被公司總經理炒魷魚的會是高階主管，而不是員工。業務員仰賴他人購買產品，如果沒人買，業務員就完了。同理，大學校長仰賴教授執行他的教育計劃；政治人物仰賴選民投票選他；作家仰賴讀者讀他的作品；連鎖商店龍頭老大之所以能當龍頭老大，是因為員工接受公司的領導，顧客也接納該公司的產品。

綜觀歷史，有些人透過武力奪取大位，也藉由武力或恫嚇使用武力來維繫大權。在那種年代，一個人要是不配合「領袖」，就有可能真的丟掉腦袋。

但在現代，請記住，一個人要嘛發自內心支持你，要嘛就不會支持你。

接著你會問：「的確，我必須仰賴他人才能獲取我想要的成就，但我該怎麼做才能讓別人支持我、聽從我的領導？」

若是用一句話來說，答案就是對別人抱持正確的態度。對別人抱持正確的態度，別人就會喜歡你、支持你。這個章節會告訴各位該怎麼做。

各公司每天都可能會出現這樣的情景：一群人正在開會，考慮誰能獲得升遷機會、新工作，或是誰能擔任公司新的總經理、主管、業務經理。眾人面前寫了個名字，會議主席問道：「大家覺得誰誰誰怎麼樣？」

大家紛紛提出意見。某些人選會得到正面肯定，例如：「這個人不錯，那裡的人對他評價很高，專業資歷也很優秀。」

「M先生嗎？喔，他很讓人喜歡，為人很親切，我想他會跟我們團隊處得很好。」

有些人選則會引發負面或有些冷淡的意見。「我覺得要好好調查這個人的背景，他看起來跟別人相處得不太好。」

「我知道他的學術背景跟專業資歷很出色，我不懷疑他的工作能力，但我擔心其他人會不會接納他，他似乎不太能得到別人的尊重。」

有個現象非常重要：十個案例當中起碼有九次，大家先討論的會是「讓不讓人有好感」這個因素。在絕大多數情況中，「讓不讓人有好感」比專業資歷更受重視。

就連遴選學者擔任大學教授，也有同樣的現象。在我自己的學界經歷當中，我參與過很多次要把教職交給誰的討論，每次提出人選，大家最慎重考量的總是：「他跟同事會處得來嗎？」「學生會喜歡他嗎？」「他會跟其他教職員合作嗎？」

這種考量很不公平？不學術？絕非如此。假如那個人不討人喜歡，此人絕對沒辦法用最有效益的方式把學生教好。

好好記住這一點。一個人能獲得更高的職位，靠的不是某個人拔擢他，而是靠許多人抬舉他。在這個年代，沒人有那個時間跟耐心一點一滴拉著另一個人往上爬，能夠雀屏中選的人都是成績比別人更突出的人。

覺得我們討人喜歡、親切和善的人會把我們抬舉到更高的地位，每交一個朋友，對方就把我們又往上抬了一點。做個討人喜歡的人，能讓我們變得更輕、更容易往上提升。

成功人士都有一套「喜歡他人」的計畫，你有嗎？頂尖人物甚少談論對人抱持正確態度的祕訣，但很多了不起的人物都有一套清楚明確的計畫，以此培養喜歡他人的心態，甚至是白紙黑字寫下這些原則，會這麼做的人多到令你驚訝。

就以美國前總統詹森為例，早在詹森成為總統之前，他就養成了高超的說服長才，更在這個過程中歸納出成功的十大公式。無論是誰都看得出這位總統親身實踐了這些原則，公式內容如下，一字未改：

1. 練習記住名字。假如沒辦法貫徹這點，可能會讓人覺得你對他們不夠有興趣。
2. 當個讓人自在的人，以免其他人在你身邊侷促不安。要像舊鞋一樣，讓人感到舒適自在。
3. 養成放鬆、隨和的心態，不讓任何事弄得自己心煩意亂。
4. 切勿妄自尊大，別讓人覺得你自以為什麼都懂。
5. 當個有趣的人，旁人和你交流時才能獲得益處。
6. 仔細留意，改掉性格中不討人喜歡的地方，也要注意自己平時可能忽略之處。
7. 無論是過去或如今發生的誤會，應該以誠信為本，發自真心試著解開誤會。要化解你內心的怨恨。
8. 練習喜歡旁人，直到能發自內心這麼做。
9. 面對別人的成就，絕對不要錯失道聲恭喜的機會；面對別人的悲傷或失望，則要表達同情。

10. 為別人提供精神上的力量，對方也會報以真摯的喜愛。

這十條法則雖然簡單卻無比強大，詹森總統身體力行，讓民眾更願意投票給他、國會更願意支持他。詹森總統親身實踐這十個原則，結果他更受到抬舉。

把這幾條原則再讀一遍。請注意，這些原則中絲毫沒有傳達以下這類的想法：「要扯平」、「等對方主動跟我言歸於好」、「我最懂，其他人都很笨」。

能在工業、藝術、科學、政治領域躋身一流的大人物都親切和善，充滿人情味，討人喜歡是他們的特點。

但可別以為金錢能買到友誼，友誼是無價的。如果是真心誠意買的禮物，那送禮就是件美好的事，無論是送禮或收禮的人都會感到喜悅。但假如缺乏誠意，禮物多半會被當成酬庸或賄賂。

有一年聖誕節的前幾天，我拜訪一間中型貨運公司的總經理，在我正要離開辦公室的時候，送貨員送來一些酒，是當地輪胎翻修廠致贈的禮物。我朋友顯然很不悅，口氣不善地要送貨員把禮物退回。

送貨員離開之後，朋友連忙對我解釋：「別誤會，我很喜歡送禮，也喜歡收禮。」接著他說那年聖誕節已經收到了一些業界友人送的禮物，他說了幾樣給我聽。

然後他說：「但是假如送禮只是想爭取跟我做生意，那顯然就只是賄賂，我就不會想要收下。我三個月前跟那家公司終止合作，因為他們的品質不如預期，我也不喜歡那裡的員工，但他們的業務員不停打電話過來。

「更讓我火大的是，」他繼續說：「同一個該死的業務員上週又跑來，竟然有膽子說：『我一定要把你的生意爭取回來，我會跟聖誕老人說今年聖誕節要對你特別好。』我要是不把那些酒退回去，下次那傢伙再跑來，第一句話八成會是：『你很喜歡我們的禮物吧？』」

友誼是沒辦法買到的。一旦想收買人心，勢必造成兩個惡果：

1. 浪費錢
2. 讓對方心生輕蔑

真正具有領袖風範的人懂得先主動認識別人

領袖總是主動建立友誼。我們很容易自然而然告訴自己：「讓對方先採取行動。」「等他們來聯繫。」

我們也很容易徹底無視他人的存在。

對，這麼做很輕鬆、不費力，但這並非對待他人的正確心態。如果你習慣等別人先打下友誼的基礎，那你可能沒有多少朋友。

其實，真正具有領袖風範的人都懂得主動認識他人。下次身處很多人的場合時，觀察看看這個非常重要的現象：現場來頭最大的人，也是最積極自我介紹的人。

絕對是大人物先朝你走來、向你伸出手，說：「你好，我是某某某。」思考一下這個現象，你會發現這個人之所以成為重要人物，正是因為他積極建立友誼。

對別人抱持正確態度。如同我的一位友人所說：「我對他來說可能不太重要，可是此人對我來說很重要，所以我一定要認識他。」

你有沒有注意過，大家在等電梯時都呆站著？除非身邊有認識的人，否則大多數人從來不跟站在旁邊的人說話。有天，我下定決心做個小實驗。

我決定跟身旁和我一樣在等電梯的人說幾句。我留心注意對方的反應，連續做了二十五次實驗，二十五次都得到正面、友善的回應。

跟陌生人說話可能讓人不太自在，但大部分的人都不排斥。這麼做還有個好處：跟陌生人說句親切的話，能讓對方的心情變好，於是你也會心情變好，更放鬆自在。每次跟別人說句親切的話，你自己也能獲益，就像在寒冷的早晨暖車一樣。

以下六種做法能為你贏得友誼，只要稍微積極一點就好。

1. 不管是在聚會、會議、公司、活動、課程，無論在什麼地方，一有機會就向別人自我介紹。
2. 確保別人把你的名字弄清楚。
3. 確保你能正確念出對方的名字。
4. 用紙筆記下對方的名字，千萬要確定自己沒寫錯字，人都很在意自己的名字有沒有被寫錯！如果可以，也記下對方的聯絡方式。
5. 如果你想進一步認識新朋友，不妨寫訊息或打個電話。這點相當重要，多數成功人士都會寫個訊息或打電話和新朋友保持聯絡。
6. 最後，對陌生人說話親切。這麼做能讓自己打起精神，準備好開始工作。

落實這六種做法，就是對他人抱持正確態度。的確，這不是普通人會想要做的，普通人絕對不會主動自我介紹，永遠都是等對方先介紹自己是誰。

主動採取行動。遵循成功人士的做法，積極認識別人，不要膽怯，別擔心跟旁人不同。了解對方是誰，也確保對方知道你是誰。

最近，有位朋友和我受託為某個製造業的業務工作應徵者做初步評估。應徵者名叫泰德，資歷出色，十分聰明，外表打理得很好，也極具企圖心。然而，他有個特質讓我們覺得不能錄取他，起碼不能馬上用他。泰德的重大缺點是，他認為別人都必須表現得完美無缺。泰德很容易被各種小細節惹惱，比如文法錯誤、亂丟菸蒂、穿著品味差勁等等。

泰德很詫異自己竟然有這個特質，但他想積極爭取這份薪資更優渥的工作，問我們是否能告訴他該怎麼克服這項缺點。

我們提出三個建議：

1. 明白沒有人是完美的。

有些人比其他人更接近完美，但沒有人絕對完美無缺。人類身上最有人性的特質，就是人會犯各式各樣的錯。

2. 明白別人有權利跟你不同。

無論什麼事，絕對不要自以為有裁決他人的權力。絕對不要因為別人的習慣跟你不同，或是偏好不同的衣著、團體、活動、信仰就討厭對方。你不必認同對方做的事，但不要為此討厭對方。

3. 不要強迫別人改變。

多學習「相互尊重，相安無事」的處世態度，多數人都不喜歡別人告訴自己「你錯了」。你可以有自己的意見，但有時候用不著說出口。

泰德認真踏實地執行這些建議，幾個月後，他的人生態度徹底改變。現在的他接受別人原本的樣子，因為人既不是百分之百良善，也不是百分之百的壞。

「不只如此，」他說：「很多事原本會讓我火大到不行，現在我卻覺得自己那樣很好笑。我終於明白，要是每個人都很相似、很完美，這個世界會多麼無趣。」

記住這個簡單卻重要的道理：沒有人是全然的好，也沒有人是全然的壞，世上不存在完美的人。

如果放任思緒不受控制，我們會在每個人身上都找到很多討厭的地方。同樣的道理，如果妥善控制思緒、對別人抱持正確心態，我們也能在同一個人身上找到許多值得喜愛、尊崇的特質。

思維的P頻道與N頻道

不妨把心智想像成廣播電台，這個廣播系統會透過兩個同樣強大的頻道向你傳送訊息，分別是P頻道（代表正面）和N頻道（代表負面）。

接著看看這套廣播系統怎麼運作。假設今天你上司（姑且給他取名叫J先生）把你叫進辦公室，檢討你的工作表現。他稱讚你表現得不錯，但也給你一些如何做得更好的建議。今晚，你自然而然回想起這件事，花了點時間思考。

假如你轉到N頻道，主持人會說：「小心點！J盯上你了。他超級小心眼的，你不需要聽他的建議，管他去死。記不記得喬跟你說了什麼關於J的事？喬說的沒錯，J只是想欺壓你，像欺負喬那樣。你要反抗，下次他叫你進辦公室就吵回去。不對，還是不要等好了，明天就直接走進去，問他那樣批評你是什麼意思……」

但假如轉到P頻道，主持人會說這類的話：「你知道嗎，J先生人還挺好的，他給的建議聽起來很有道理。要是照他的建議做，我大概能表現得更好，還有理由加薪。那傢伙幫了我一個忙。明天我要走進他辦公室，感謝他提供這麼有幫助的建議。比爾說的對，跟J共事很愉快……」

在這個例子中，要是你聽N頻道，想必會犯下可怕、甚至是無可挽回的錯誤，破壞你和上司的關係。但要是你轉到P頻道，那你無疑會從上司的建議中獲益，同時也跟上司的關係更親近，他一定會很高興你去感謝他。試試看就知道了。

切記，不管是P頻道還是N頻道，你聽得越久就會對那個頻道越感興趣，也越來越難切換頻道。這是因為只要興起一個念頭，無論這念頭是好是壞，都會引發一連串連鎖反應，讓你產生更多相似的想法。

舉例而言，你可能會對一個人的口音產生小小的負面念頭，不久便在內心批判起各種不相關的事情，比如對方的政治立場跟意識形態、學歷背景、個人習慣、夫妻關係，甚至是怎麼整理儀容的。這種思考模式絕對沒辦法引領你成功，實現理想。

思想廣播電台是你的，所以你該好好管理這個廣播電台。思考跟人有關的事情時，請養成聆聽P頻道的習慣。

如果N頻道插播進來，馬上關掉，然後切換頻道。切換時，只要想一個對方的正面特質即可，這個念頭會引發連鎖反應，促使一個接一個新念頭浮現，你會很高興的。

在一個人的時候，只有你自己能決定要聽P頻道還是N頻道；但你跟別人說話時，對方對於你怎麼想也有一定的控制權。

千萬記住，多數人並不明白「對他人抱持正確態度」這個道理，所以你常遇到有人急急忙忙跑來找你，只因為他很想講一個你們共同友人的壞話：同事想跟你說另一個員工哪裡討人厭；鄰居想跟你說另一個鄰居的家務事；客戶想條列競爭對手的每個缺陷，但你等等就要拜訪那個競爭對手了。

念頭會產生更多近似的念頭。假如你聽了關於某個人的壞話，你很有可能也會對那人心生反感，這是相當危險的事。說實在，一個不當心，你搞不好也會跟著煽風點火：「對啊，還不只這樣呢，你有沒有聽說過……」

這種事都會產生反效果，冷不防給你一記回馬槍。

有兩種方法可以避免旁人把我們從P頻道切換到N頻道。一種做法是盡快轉移話題，可以說：「不好意思，但我突然想到我一直想問你……」第二種做法是找個藉口離開，可以說：「抱歉，我快遲到了……」或是「我有個工作要趕，先走了。」

規定自己，絕不能讓別人的成見影響自己的思考，時時刻刻鎖定P頻道。

總是對別人抱持好的想法，精通這個技巧以後，你必然會迎來更了不起的成就。讓我告訴你一個故事，有個成就非凡的保險業務員曾對我說，對別人抱持好的念頭為他帶來豐厚的回報。

「剛進保險這一行的時候，我碰到不少問題。」他說：「起初我覺得跟我競爭的業務員好像跟潛在客戶一樣多，而且我很快就學到所有保險業務都知道的事實：十個潛在客戶當中，有九個都堅信自己不需要再買更多保險了。

「現在我的業績不錯，但我跟你說，那並不是因為我掌握很多保險的專業知識。別誤會，專業知識是很重要，不過很多想賣保險的人都比我更熟悉保單跟契約。其實，我認識有個人寫了本跟保險有關的書，但他就算遇到一個只剩五天可活的人，也賣不出任何一張保單。

「我能成功是基於一個原因。」他繼續說：「我真的、真的喜歡我要賣保險的對象。我再說一遍，我是真心喜歡對方。有些同行只是假裝喜歡對方，但那是沒用的，你連狗都騙不了，如果只是裝的，你的一言一行、眼神、臉部表情，看起來都會很假。

「在我收集跟潛在客戶有關的資料時，我跟每個業務員做的事情都一樣：了解對方的年齡、工作、收入、有幾個小孩等等。

「但我也會去了解其他業務員從來不會收集的資訊——也就是我能喜歡這個客戶的好理由。也許這人的職業會給我充分的理由，也許我能在對方以前的經歷中找到，總之我會找到個好理由喜歡對方。

「接下來，每當我把注意力放在這位客戶身上，我就會回想喜歡他／她的理由。在我跟對方提起保險之前，我就會替這人建立一個討人喜歡的印象。

「這個小技巧很有用。因為我喜歡對方，對方遲早也會喜歡我，不久之後我就從桌子對面改成坐在對方身邊，一起討論保險計畫的細節。客戶信任我的判斷，因為他們會視我為朋友。

「別人未必馬上接納我，但我發現只要我持續喜歡對方，對方終究會改變心意，我們就能來談保單的事了。

「上個禮拜，」朋友繼續說道：「我拜訪了一個特別難說服的潛在客戶。他開了門，我連『晚安』都還來不及說，他就臭罵了我一頓。他罵個沒完沒了，甚至沒停下來換氣，直到他罵夠了才停止，最後還說：『不要再來找我了。』

「他說完之後，我站在原地，凝視他的雙眼大概五秒，說：『S先生，但我今天晚上是以朋友的身分來訪的。』我的語氣很溫和、誠懇，因為我是真心的。
「昨天，他簽了一張二十五萬美元的保單。」

許多人把索爾・波爾克稱為芝加哥的家電之王。波爾克白手起家，如今在芝加哥這個大都會一年能賣出價值上百萬美元的家電。

波爾克認為自己能夠成功，主要是因為他對顧客的態度。他說：「對待顧客，要像對待來我家拜訪的客人一樣。」

這也是種對待他人的正確心態，而且是最易於實踐的成功法則——只要把顧客當成你家的客人就行了。

這個技巧在銷售以外的地方也很有效。把「顧客」替換為「員工」，整句話會變成「把員工當成來我家拜訪的客人」。給予員工一流的禮遇，員工也會報以一流的配合、一流的工作表現。**用一流的態度對待身邊每個人，你也會得到一流的成果。**

我有位很熟的朋友讀過本書第一版，他是一間企業管理顧問公司的老闆，在讀到上面那段話時，他說：「這說明了喜歡、尊敬別人能得到什麼正面的回報，我告訴你一個朋友的親身經歷，恰好可以說明不喜歡、不尊敬別人會有什麼結果。」

那個親身經歷蘊含了相當重要的道理，故事是這樣的：

「我的公司跟一家規模較小的飲料瓶公司簽約，提供諮詢服務，合約金額相當高。那位客戶沒受過多少正規教育，生意慘淡，最近幾年又犯了些錯誤，賠掉不少錢。

「簽約後的第三天，我跟同事開車去他的工廠，從辦公室出發的車程大約四十五分鐘。我到現在還是不曉得是怎麼開始的，但我們莫名其妙開始說這位客戶的壞話。

「回過神來，我們已經在說他把公司搞得一團亂是因為他太笨，而不是討論有哪些適合的方法能解決他的問題。

「我記得當時我說了一句自以為犀利幽默的話：『他現在還能撐住這家公司，完全是因為他太胖。』我同事大笑，也說了句很過分的話：『還有他那個兒子，都三十五歲了，但唯一符合他那個職位所需的條件就是他講英文。』

「整趟車程中，我們都只顧著說那個客戶真是個優柔寡斷的白痴。

「嗯，那天下午的開會氣氛非常僵。如今回想，我覺得客戶也意識到我們對他的看法了，他一定心想：『這些傢伙八成以為我是笨蛋，跟我講一些好聽話就想拿我的錢。』

「兩天後，那位客戶傳訊息給我，上面只有幾行字：『我決定取消跟你們的合約，截至目前為止如有任何費用，請寄請款單給我。』

「我們用短短四十五分鐘把自己沉浸在負面思考中，結果丟了一份合約。更讓人懊惱的是，一個月後我得知這位前客戶和另一間公司簽約，得到他所需的專業協助。「要是我們聚焦在他那些優點上，就不會丟掉這個客戶了。他確實有很多優點，大部分的人其實都有。」

以下這個小練習不僅有趣，還能讓你體會一個成功的基礎法則。接下來兩天，盡可能留意別人的對話，並注意兩件事：哪個人說的話最多，以及哪個人最成功。

這個小實驗我做過上百次，結果發現說最多話的人很少會是最成功的人。一個人越有成就，就越懂得大方讓出說話機會，也就是鼓勵對方多說關於自己的事，談談自己的看法、成就、家人、工作和問題。

大方讓出說話機會能帶來兩大好處，讓你獲得更亮眼的成就：

1. 讓出說話機會能贏得友誼。
2. 讓出說話機會可以讓你更了解別人。

切記：跟世上其他事比起來，一般人最喜歡談論自己。只要給對方談論自己的機會，他就會喜歡你。想要交到朋友，讓出說話機會是最簡易、單純、必然成功的方法。

讓出說話機會的第二個好處「更了解別人」，也很重要。正如第一章提到的，我們要在成功實驗室研究的對象就是人。越是了解人，越是了解對方的思考方式、強項與弱點、為何有這樣的行為舉止，我們就越能有效影響對方，讓對方按照我們的期待去做。

讓我舉個例子。

紐約有家大型廣告公司，一如其他廣告商，這間公司擅長說服大眾購買他們廣告推銷的產品。不過，這間廣告公司也會做另一件事：他們要求寫文案的人每年在店裡待一週，聆聽民眾對他們行銷的產品有什麼看法。傾聽讓這些寫文案的人明白如何寫出更好、更有效的廣告詞。

傾聽對業務人員來說也有好處。大家通常以為優秀的業務員需要很會說話，或是說話速度很快，但相較於很會說話的人，業務經理更喜愛善於傾聽的人：也就是懂得怎麼提問、怎麼得到想要的回答的人。

不要老想著當對話中的焦點。切記：傾聽、贏得友誼、了解對方。

與任何人交流時都是殷勤相待，這是對你而言最棒的鎮定劑。為別人做點舉手之勞能有效讓你放鬆下來，效力遠超過任何藥物；對別人抱持正確態度，能消除你的不悅和壓力。歸根究柢，壓力的一大成因正是對別人有負面情緒，所以只要對別人抱持正面想法，你就會發現這個世界實在美妙無比。

失意時的思考方式，決定了你與成功的距離

事情不如意時，你會面臨真正的考驗，測試你究竟能不能對別人抱持正確態度。假如你沒得到升遷機會，未能爭取到你所屬組織的某個職務，或是工作表現遭受批評，你會怎麼想？記住：**你失敗時怎麼想，會決定你要過多久才能成功。**

不如意時該怎麼對別人抱持正確態度，班傑明・菲爾勒斯已經給了我們答案，他是二十世紀最傑出的人才之一，出身寒微，卻成為美國鋼鐵公司執行長，他曾說（引自一九五六年十月十五日的《生活》雜誌）：

「這取決於你看待事情的角度。例如，我從沒討厭過哪個老師。我當然跟其他學生一樣都受過處罰，但我一向認為是自己不好，所以訓誡我是應該的。我也喜歡每個當我上司的人，我總會試著讓對方高興，永遠做得超乎對方預期，絕對不會低於預期。

「我也失望沮喪過，也曾經很想升遷，結果卻沒有輪到我。但我從不覺得是『辦公

室政治』害了我，或是上司對我有偏見、識人不明等等。我不會生悶氣或一怒之下不幹了，而是跟我自己講道理。另一個人顯然比我更有資格升遷，我會自問如果想下次把握機會，能夠怎麼做？此外，我從來不會生自己的氣，也從來不會浪費時間貶低自己。」

當事情不順遂時，謹記班傑明・菲爾勒斯的話，並且只需要做兩件事：

1. 問自己：「如果下次想把握機會，我能夠怎麼做？」
2. 不要把時間跟心力花在氣餒沮喪，不要貶低自己。想想下次怎麼扳回一城。

實踐以下7項原則，贏得他人愛戴

1. **讓自己更容易受到他人抬舉。**
討人喜歡，練習當個受人喜愛的人，這麼做能贏得別人的支持，也會讓你更有機會實現成功的計畫。

2. **主動建立友誼。**
一有機會就主動自我介紹，確保你弄清楚對方的名字，也確保對方沒搞錯你的名字。主動聯絡你想進一步認識的新朋友。

3. 接受每個人都有差異和極限。

別期待每個人都完美無缺。記住，其他人有權利跟你不同，不要強迫別人改變。

4. 鎖定傳播正面想法的P頻道。

找出別人身上值得喜歡、尊敬的優點，而不是討厭之處。不要讓別人的成見影響你對另一個人的看法。對別人抱持正面想法，你就會得到好的結果。

5. 練習把說話機會讓給別人。

遵循成功人士的做法，鼓勵別人說話，讓對方把觀點、意見、成就告訴你。

6. 練習時時刻刻以禮待人。

這能讓人心情更好，也會讓你心情更好。

7. 遇到挫折時不要怪到別人身上。

切記，你失敗時怎麼想，會決定你要過多久才能成功。

第十章
養成採取行動的習慣
GET THE ACTION HABIT

各行各業的領導者都同意一個事實：能夠擔任重要職位、才幹出眾的一流人物相當短缺，正如國務卿韋伯斯特的那句名言，頂尖之處的空間還大得很。如同有位高層主管所說，許多人的條件只差那麼一點就符合了，但卻經常少了一個成功的要素——那就是搞定一切、交出成果的能力。

無論是經營企業或高端商品銷售，無論是在科技領域、商業、軍事或政府單位，任何重要職位都需要以行動為本的思維。為重要職位尋覓人選的高階主管都會想要知道：「此人能勝任嗎？」「能貫徹計畫嗎？」「會積極採取行動嗎？」「有沒有辦法交出成績？還是只會光說不練？」

這些問題都有個目的：搞清楚對方是不是能有實際作為的人。

光有好點子是不夠的。把一個普通的想法落實並繼續發展下去，遠勝過由於無所作為，而導致絕佳的點子胎死腹中。

白手起家的傑出商人約翰・沃納梅克常說：「光是空想不會得到任何成果。」好好思考這句話。從衛星、摩天大樓，到嬰兒食品，世間萬物全都是因為有人將點子貫徹執行。

行動派與被動派的差異

研究他人時，不管對象是成功人士或普通人，你會發現所有的人都能分為兩大類。成功人士勇於採取行動，接下來我們就把他們簡稱為「行動派」。一般人、平庸之人、無所成就的人都消極無為，我們就稱他們為「被動派」。

研究這兩類人可以歸納出成功的法則。行動派會起而行，會付諸實踐、交出成果，將想法落實、貫徹計畫。被動派只會坐而言，遲遲不肯實行，直到他們證明那件事不該、不能或已經來不及做為止。

行動派和被動派的差別會展現在各個方面：行動派安排度假，也真的去度了假；被動派打算度假，卻老是延到「明年」。行動派打定主意按時去運動，於是按時去運動；

被動派覺得按時去運動聽起來不錯，卻想盡辦法遲遲不養成這個新習慣。行動派想發個訊息給朋友恭喜對方的成就，於是發了訊息；在相同情況下，被動派找到藉口拖著不發訊息，結果永遠都沒發出去。

這種差別也會在重大時刻顯露。行動派打算創業，於是果真創業。被動派也想創業，事到臨頭卻發現一個最好別這麼做的「好」理由。行動派年到四十，決定轉換職涯跑道，也果真這麼做了。被動派雖也起了同樣的念頭，卻說服自己不要採取任何行動。

行動派和被動派的一言一行都流露了他們之間的差異。行動派達成自己的目標，也藉此提升自信、內心有安全感、自食其力、收入更高。被動派沒能實現自己想做的事，因為他們從不採取行動，也因此失去自信、無法自食其力、過著庸庸碌碌的生活。

行動派付諸實行。被動派心裡想著，卻從來不做。

大家都想當行動派，讓我們養成採取行動的習慣吧。

許多被動派之所以被動，是因為他們堅持要等到萬事俱備才肯採取行動。一切準備完美當然很好，但只要是人類經手或規劃的事都絕不可能十全十美，要是想等完美的時機跟條件，等一輩子也等不到。

以下提供三個案例，分別是三個人對於「完美條件」的反應。

案例一：G至今未婚的原因

G先生年近四十，受過良好教育，現職是會計，目前在芝加哥獨居。G最大的願望是結婚，他渴望愛、陪伴、家庭、兒女，渴望各種跟婚姻有關的美好體驗。G數度差點結婚，有次只差一天就要步入禮堂了，但每次快要結婚時，他總會發現結婚對象有哪裡不好。（他會說：「還好，不然我就要鑄下大錯了。」）

有個例子特別讓人印象深刻：兩年前，G覺得自己終於遇到了真命天女。她迷人、討喜、聰明，但G非得確定這個婚事是百分之百正確的不可。有天晚上，他們正在討論婚禮時，G未來的妻子說了幾句讓他很介意的話。

為了確定他是跟對的人結婚，G擬了長達四頁的協議書，要她同意才能結婚。協議書上打字打得很整齊，相當有法律條約的架式，內容涵蓋所有G能想到的生活層面，其中一節寫的是宗教（他們要上哪個教會、多久去一次、奉獻多少錢），還有一節寫的是小孩（要生幾個、什麼時候生）。

G詳細規範他們要跟什麼朋友往來、未來妻子是否工作、居住地點、收入該如何運用，末尾更花了半頁的篇幅，詳列未婚妻必須戒除或培養哪些具體的習慣，當中包括抽菸、喝酒、化妝、休閒娛樂等等。

G的未婚妻收到他這份協議書後，反應正如各位所料。她退回協議書，附上一張字條寫道：「對其他人來說，一般結婚誓詞所說的『無論順逆』就夠了，對我來說也是。婚禮取消。」

G對我描述這件事的時候，擔憂地說：「寫協議書哪裡錯了？畢竟結婚是件大事，再怎麼小心都不為過。」

但G錯了。不光是籌備婚禮，無論是計劃什麼，如果希望把事情完成，小心謹慎總會有過頭的時候，標準總會有太高的時候。G也是用這套面對婚姻的方式，來面對他的工作、財務、友情和一切。

成功人士的考驗不是要在問題產生前就把所有問題消除，而是在遇到困難時勇於面對，設法解決。我們必須懂得用聰明的方式妥協，不拘泥於完美，以免一輩子都沒辦法採取行動。

案例二：J換新房子的原因

每當面臨重大抉擇時，我們總會天人交戰——究竟該不該採取行動，該不該付諸實行？以下這個案例告訴你有個年輕人是怎麼選擇行動，也因此得到豐厚的回報。

M過著和其他上百萬個年輕人類似的生活：他二十幾歲，有老婆小孩，收入普通。M夫妻住在小公寓裡，兩人都想換個新家，希望有更多空間、更乾淨的環境、能讓孩子玩耍的地方，也希望有機會提升自有住屋的價值。

但是買新房子有個難題：頭期款。有天，M正在準備付下個月的房租，突然對自己非常生氣。他心想，新房子每月要付的貸款，其實就跟當時的房租差不多。

M打電話給太太，說：「妳覺得我們下個月就去買房子怎麼樣？」她問：「你是怎麼了？幹嘛開這個玩笑？你明知我們買不起，我們連付頭期款的錢都沒有。」

但M心意已決。「成千上萬像我們這樣的夫妻老想著『總有一天』要買房子，可是真正買房的人大概只有一半，每次都有什麼理由阻止他們。我們就買房子吧，我還沒想到要怎麼湊到頭期款，但我們會湊到的。」

隔週他們就看上一棟兩個人都喜歡的房子，那間屋子樸實簡單卻舒適，頭期款是一千兩百美元。接下來，唯一的難題就是怎麼籌到一千兩百元。M很清楚自己沒辦法從一般管道借這筆錢，因為這會影響他的信用評分，讓他沒辦法用原本的房價申請房貸。

有志者事竟成，M突然靈光一現：何不聯絡建商，和對方談談是否能辦理一千兩百元的私人貸款？M就這麼做了，起初建商反應冷淡，但M不肯放棄，最後建商終於同意貸款一千兩百元給M，讓他每月償還一百元外加利息。

接下來，M該做的只剩下每月籌出一百美元。夫妻倆絞盡腦汁，把每月開銷減少二十五元，但這麼一來M還得每個月多賺七十五元。

然後M想到另一個點子。隔天早上，他走進老闆的辦公室，解釋他現在的狀況。他老闆聽說M要買新房子，很為他高興。

接著M說：「老闆，為了買這棟房子，我每個月得再多賺七十五美元。我明白，」M繼續說：「等你認為我有資格加薪，自然會幫我加薪；我現在只希望有機會多賺一點錢。公司裡有些事情是比較適合在週末完成，你願意讓我週末加班嗎？」

老闆對M的誠懇和企圖心大有好感，提議讓M每週末加班十個小時，M夫妻就這麼搬進了新家。

這個案例要傳達給各位的重點是：

1. 採取行動的決心，促使M想出達成目標的方法。
2. M的自信大增，往後在重大關頭會更容易採取行動。
3. M讓妻兒過上他們應得的生活。要是他繼續等下去，非要條件十全十美才買房子，他們很可能一輩子都無法擁有自己的家。

案例三：C想要創業，可是……

如果非要等條件齊備才肯採取行動，那些很棒的點子會怎麼樣？C先生的故事恰好正是另一個案例。

第二次世界大戰結束後不久，C進了美國郵政部關務署工作。他很喜歡這個工作，但是做了五年後，他逐漸不滿足於工作上的限制、固定工時、低薪，以及升遷機會相當有限的年資制度。

這時他想到一個點子。他這幾年學到不少當個成功進口商的訣竅，何不自行創業，進口一些低成本的禮品跟玩具來賣？C認識很多事業有成的進口商，他們對於進出口業務的了解都不如他。

自從C決定要創業已經過了十年，如今他還是在關務署工作。

為什麼？這個嘛，每當C打定主意要辭職，總會發生一些讓他無法採取行動的事情。例如，缺錢、經濟衰退、小孩出生、短期內需要穩定、貿易限制……種種理由讓他繼續等待，繼續拖延。

真相是，C成了被動派。他想等時機完美再採取行動，但情況總是不盡如人意，所以他始終沒有付諸實行。

等到十全十美才肯行動可能會讓你付出高昂的代價，以下兩種做法可以幫助你避免犯下這種錯誤：

1. 準備好應對未來的障礙與難關。

任何行動都蘊含風險、問題和不確定性。假如你想從芝加哥開車到洛杉磯，但你非要確定路上絕不會塞車、車子不會故障、天氣不會變壞、不會遇到事故、不會有任何風險，那你什麼時候才能夠上路？一輩子都不會！規劃開車前往洛杉磯時，確定路線、檢查車況、用各種方式盡可能降低風險再上路，這是很合理的舉動，但人不可能消除所有風險。

2. 遇到難題和障礙時，勇於面對。

成功人士的考驗不是要在採取行動前消除所有問題，而是要在面臨難關時找到解決之道。無論在職場、婚姻或任何領域，問題發生時，想法子解決即可。

我們不可能預防所有問題。

五、六年前，有位才華洋溢的教授朋友跟我說他計畫寫一本書，是幾十年前某位爭議人物的傳記，他的點子非常有意思，可說是妙趣橫生、令人著迷。這位教授很清楚自己要寫什麼，也有能力、有體力完成，這個計畫想必能為他帶來成就感、名聲與收入。

去年春天我又見到這位朋友，我無意間問起他這本書寫完沒有。（這麼問是我的失策，想不到碰巧踩到他的痛處。）

他沒寫那本書。他躊躇半晌，似乎糾結著不知該不該解釋，最後說他實在太忙了，「該做的事」太多，所以老是沒時間寫。

實際上，這位教授已經把這個點子埋葬在內心的墓園了。他放任心中的負面思緒蔓延，覺得自己必須投注大量心血、耗費時間，想像各式各樣這個計畫註定失敗的理由。

別誤會，點子很重要。我們必須先有想法，才能創造、改善任何事物，沒有想法的人勢必一事無成。

但可以確定的是，光有點子是不夠的。唯有採取行動，讓生意更好、簡化工作流程的想法才能產生價值。

每天都有成千上萬的人把好點子埋葬，只因為他們不敢行動。

在那之後，那些點子的鬼魂便會糾纏他們不放。

牢牢記住這兩點：第一，採取行動，讓自己的點子更有價值。除非你放手去做，否則不管想法再好，都不會有任何獲益。

第二，實現想法，你的心會獲得平靜。曾有人說，世上最可悲的話就是「早知道」。每天，你都會聽見有人說：「要是我七年前創業，我現在就過著好日子了。」「我之前也覺得會成功，早知道就去做了。」不放手實現好點子，會讓你內心陷入劇烈的痛苦；但只要貫徹實行好點子，你就能獲得強烈的滿足感。

想到好點子了嗎？那就做點什麼吧。

用行動治癒恐懼、獲得自信。請記住一個道理：**行動能滋養、增強信心，無所作為只會餵養恐懼。要對抗恐懼的話，就採取行動**。想讓恐懼更強烈的話，就等待、拖延、推遲。

有一次，我聽一位年輕的跳傘教官解釋說：「跳下去其實還好，對人來說跳傘前的等待才是最可怕的。前往跳傘地點時，我都會想辦法讓大家覺得時間過得很快。常有學員想太多可能發生的情況，結果驚慌失措，要是下次跳傘沒叫他跳，他以後就不用想當傘兵了。跳傘前拖越久反而會讓人越害怕，而不是越有信心。」

就連專家也會因為等待而緊張。時代雜誌曾報導，美國最傑出的新聞廣播員愛德華•蒙洛在節目開始前也會冒汗、焦慮，但只要節目一開始，恐懼就會消失。許多老練的演員也有相同的體驗，他們一致認為，怯場唯一的解藥就是演出——上台面對觀眾，正是克服恐懼、擔憂、害怕的解方。

行動可以治好恐懼。有天晚上我們拜訪一位友人，他們的五歲兒子才上床睡覺三十分鐘，忽然大叫起來，原來那孩子被科幻電影嚇得不輕，生怕綠色小怪物會闖進他房間綁架自己。這位父親替兒子化解擔憂的方式很有意思，他沒說：「別擔心，兒子，沒有怪物要抓你，回去睡吧。」相反地，他採取了正面行動。他大費周章替兒子檢查窗戶，確定窗戶關得死緊，然後拿起兒子的一把塑膠槍放在床邊的桌上，說：「兒子，這把槍給你防身。」他兒子看起來徹底鬆了口氣，五分鐘後就睡著了。

很多醫生會開中性、無害的「藥物」給堅持要吃藥才能睡著的人，對許多人而言，即便藥錠本身沒有藥效（但他們不知道），光是吞藥的動作就能讓他們好過一點。

恐懼有很多種形式，會感受到某種形式的恐懼是再正常不過的事。但我們用來對抗恐懼的做法往往無法奏效。就連經驗老到的業務員偶爾也會心生恐懼，我見過許多業務會在附近走一走透透氣，或多喝幾杯咖啡，試著藉此治癒恐懼，但這些做法收效甚微。如果要對抗恐懼，不管是任何恐懼（沒錯，任何恐懼），唯一的解決之道是採取行動。

害怕打電話嗎？電話一撥，恐懼自然消失。拖著不做，這通電話會越來越難打。

害怕去醫院做健檢？只要去了醫院，擔憂自然煙消雲散。你身體很可能一點問題都沒有，假如有的話，你會更了解自身的狀況。拖著不去檢查，你的恐懼會日益嚴重，直到恐懼強烈得讓你真的生病。

害怕和上司討論自己遇到的問題？去討論吧，你的憂慮自然會被克服。

培養自信，透過行動來摧毀恐懼。

強制發動心理引擎

有位年輕作家頗有抱負卻沒什麼成績，向我坦承道：「我的問題在於我什麼都寫不出來，結果一天天、一週週就這麼過去了。」

他說：「你要知道，寫作很需要創意，必須有靈感才行，要先有繆思才能動筆。」

寫作確實需要創意，但另一位同樣以創意謀生的作家向我解釋，他是靠了什麼祕訣，結果寫出大量廣受歡迎的作品。

「我有一套『強制動腦』技巧。」他說：「我有截稿日要趕，沒辦法等到有靈感才動筆，我得想辦法生出靈感來。我的方法是這樣的：我強迫自己坐在書桌前，拿起筆，機械式地做出書寫的動作，什麼都寫，亂畫也沒關係，總之讓手臂跟手指動起來，然後我的心思遲早會下意識進入狀況。

「當然，我偶爾也會在沒試著寫作時靈光乍現，」他繼續說：「不過那些只能算是額外的靈感。大多時候，好點子都是在坐下來寫作時出現的。」

先有行動才會引發後續的行動，這是舉世不變的真理。世上沒有任何事物能自動完成，就連我們每天使用的各種機械設備都無法自動啟動。

你家中的暖氣可以自動運作，但你必須選擇（採取行動）你想要的溫度；你要先正確操作排檔桿，車子才會換檔。同樣的道理也適用於心智層面的行動，你得先把心智打檔，心智才會給你成果。

有位年輕的分公司業務經理是負責掌管到府推銷的部門，他向我說明自己是怎麼訓練銷售團隊運用「強制步驟」，讓他們一天比一天更早展開推銷，也推銷得更成功。

「每個到府推銷過的人都曉得，住戶會非常抗拒到家裡來推銷的人。」他繼續說：「就算是資深業務，早上要拜訪第一戶人家都非常難。他心裡明白，自己今天大有可能受到相當無禮的對待，所以他早上自然而然會拖延著不肯行動，多喝幾杯咖啡、在那附近多繞一下，或是做各種瑣事來延後拜訪第一戶人家的時間。

「我是這樣訓練新人的：我跟他們解釋，展開行動的唯一方式就是去行動。不要思考得過頭，不要拖著不做。他們該做的是：停好車，拿出裝了樣品的公事包，走到門口按鈴，露出微笑說『早安』，然後開始介紹。全程都只做機械式的行動，不要想太多。用這個方式上門推銷，緊張就會化解，等到拜訪第二戶、第三戶，他們的腦袋會越來越清楚，介紹也會越來越有成效。」

有位幽默作家曾說，人生最難的事就是離開溫暖的被窩，走進冰冷的房間。他說的有理，你花越多時間躺在床上心想起床有多討厭，就會越難起床。就連在這麼單純的事情上，機械式的動作也能克服畏懼：你只要掀開棉被，雙腳踩在地上就行了。

我要傳達的道理很清楚：在這個世界上，能有所成就的人不會等自己進入狀況才開始行動，他們會想辦法讓自己進入狀況。

試試以下這兩個練習：

1. 用機械式的步驟，完成那些有時令人煩厭的單調事務和家事。

　與其思考那件事哪裡討人厭，不如馬上動手做，什麼也不要多想。

對很多人來說，最討厭的家事大概就是洗碗，對我母親而言也不例外。但她精通一套機械式的做法，可以迅速完成這件家務，好讓她回去做自己喜歡做的事。

每當她從餐桌起身，她一定會機械式地拿起幾件碗盤，不去細想接下來要做的家事，只是單純地開始動作，短短幾分鐘內就能把碗洗完。相較於讓碗盤堆積如山、害怕自己終究得做討厭的家事，這樣豈不是好多了？

從今天開始養成這個習慣：選一件你最排斥的事，不要細想、不要害怕，做就對了。這是處理雜務最有效率的方法。

2. 再來，用機械式的步驟來想點子、擬定計畫、解決問題，以及其他需要投注大量心思才能完成的事。

不要等自己進入狀況，坐下來讓自己進入狀況就對了。

有個特別的技巧一定會對你有幫助：善用紙筆。簡單的一枝筆就是最能讓你專注的工具，花錢也買不到更好的。如果紙筆跟裝飾花俏、鋪設地毯、裝潢漂亮、隔音完備的辦公室只能選一個，我一定會選紙筆。有了紙筆，就能讓心思專注於問題上。

把想法寫在紙上時，人會全神貫注於那個想法上，這是因為心智無法在寫一件事的同時又思考另一件事。寫在紙上也等於是「寫」在心裡，許多實驗都明白指出：把想法寫在紙上，能讓人記得更久、更清楚。

嫻熟用紙筆提升專注力的訣竅之後，即使置身吵雜或令人分心的環境，你也能好好思考。需要思考時，只消拿起筆開始寫、塗鴉或畫圖表，就是讓人專注的絕佳方法。

「馬上就做」是成功的關鍵

明天、下禮拜、等一下、有空、總有一天往往是永遠不會的同義詞，而「永遠不會」就是招來失敗的詞。許多美好的夢想從未實現，正是因為我們在該說「我馬上就做，現在就做」的時候，卻說了「總有一天我會做」。

以存錢為例，大概每個人都會同意存錢是個好主意，但好主意不代表多數人都會遵循嚴謹的儲蓄與投資計畫。很多人打算存錢，但真正實踐的人卻沒那麼多。

我來說個故事，告訴你一對年輕夫妻如何展開定期累積財富的計畫。比爾每月的實領薪資是一千美元，但他和妻子珍妮每月的開銷也是一千美元。兩人都想存錢，但總是有些原因阻礙他們落實行動，好幾年來，他們總是告訴自己：「等加薪就開始存」、「等貸款還完再開始存」、「等度過這次難關就開始存」、「下個月」、「明年」……

最後，珍妮受夠了他們總是沒辦法存錢。她問比爾：「聽著，我們到底要不要存錢？」比爾答道：「當然要，但妳跟我都很清楚，我們現在省不了什麼錢。」

但這次珍妮抱著破釜沉舟的決心。「我們說要進行儲蓄計畫已經說了好幾年，結果一直存不了，因為我們覺得自己辦不到，現在該開始用『辦得到』的模式思考了。我今天看到一個廣告說，如果每個月存一百元，十五年後就能存一萬八千元，外加六千六百元的累計利息。廣告還說比起花了錢之後再把剩下的存起來，先儲蓄再花剩下的錢會更簡單。如果你想試，那我們就從你薪水的十分之一開始，先把錢存起來。就算到了月底得吃餅乾配牛奶，我們也要存。」

比爾和珍妮熬了好幾個月，但很快就適應了新的開銷預算。現在，他們覺得把錢「花」在儲蓄上，就跟花錢買其他東西一樣開心。

想寫訊息給朋友？現在就寫吧。想到一個可能對事業有幫助的點子？馬上提出來。親身實踐富蘭克林的建議：「今天就能做的，不要拖到明天。」

記住，用「馬上去做」的模式思考，能讓你有所成就；但要是用「總有一天」或「有空再說」的模式思考，往往只會迎來失敗。

培養「勇於發言」的習慣

有天我抽空拜訪一位工作上的老朋友，當時她剛跟幾位主管開完會，一見到她，我就明白她心裡有些話不吐不快。從她的臉色看來，她似乎對某件事大失所望。

「你知道嗎？」她說，「我今天早上找他們來開會，是因為我在預計調整的公司政策上需要意見。但我得到了什麼？來開會的人有六個，結果只有一個人給我回饋，另外兩個人是發言了，但他們只不過是在重複我說過的話而已。感覺就像跟一堆石頭講話一樣。老實說，要我搞清楚那幾個人在想什麼真的很難。

「說真的，」她接著說：「我本來還以為這些人會勇於發言，讓我知道他們的意見，畢竟這件事會直接影響到他們。」

我這位朋友在會議上沒獲得任何幫助，但要是在會後去走廊上晃一晃，你會聽到她那幾位副理說：「我本來要說……」「怎麼沒有人說……」「我不認為……」「應該直接放手去做……」

這些石頭在會議室講不出什麼想法，開完會卻往往意見一堆，但他們那時說的話已經不會有任何影響力了。他們忽然變得生龍活虎，但一切都已經太遲。

公司主管需要意見，不願展現才華的人只會吃虧。養成「勇於發言」的習慣。每一次勇於發言，你都會變得更強大，拿出你有建設性的意見挺身而出吧。

大家都知道，沒幾個大學生會好好準備考試。有個大學生E打定主意念書，為此空出整個晚上要專心用功，他通常是這麼度過整個晚上的：

E晚上七點準備開始念書，不過晚餐吃得太飽，於是他決定先看一下電視。結果「一下」變成了一小時，因為節目滿好看的。八點時，他在書桌前坐下，但馬上又起來，因為他想起自己答應女友要打電話，又是四十分鐘過去（他一整天都沒跟她說到話）。另一通來電又花了二十分鐘。正要回到桌前，E被拉去打乒乓球，一小時又不見了。乒乓球打得他滿身大汗，所以洗了個澡。之後他想吃些點心，因為打球、洗澡讓他很餓。

就這樣，原本打算拿來用功的一晚過去了。凌晨一點，他終於打開課本，但已經睏到讀不進去，最終徹底放棄。隔天早上他告訴教授：「拜託不要太刁難我，我為了這個考試念書念到凌晨兩點。」

大學生E沒能真正行動，是因為他花太多時間為行動做準備了。大學生E不是唯一被「準備過度」反噬的人，這世上還有業務E、主管E、專業人士E、家庭主婦E……

他們為了培養實力和做好準備，經常在辦公室閒聊、吃下午茶、上網、讀書、處理私事、整理書桌、看電視……做各式各樣的瑣事來逃避。

不過，有個方法可以打破這種習慣。請告訴自己：「我現在就很適合展開行動了。一直拖下去完成不了任何事，我要把『做準備』的時間和精力拿來投入實際行動。」

有個工具機公司的主管曾對一群業務主管說：「在我們這一行，我們最想要的人才是能把好點子貫徹到底的人。在我們的生產和行銷流程當中，每個職務都有可能做得更好，做得比現在傑出許多。我的意思不是說我們目前的表現不好，其實是很好。但就像每個追求卓越的公司一樣，我們需要新產品、新市場、更有效率的新工作方式。我們仰賴能率先出擊的人，這些人就像團隊中的持球球員。」

「率先出擊」是種特別的行動，意味著不用等別人發號施令，就會去做有價值的事。只要懂得率先出擊，無論身處什麼行業，必定都能躋身高收入的階層。

有個中型藥廠的市場調查總監告訴我，他當初是如何成為市調總監。這個故事恰好體現了率先出擊的力量。

「五年前，我想到一個主意。」他對我說：「那時我的工作類似宣導式推銷員，負責拜訪批發商。我發現我們少了一個關鍵資訊，也就是關於目標銷售對象的資料。我在公司裡逢人就說我們需要市場調查，起初沒人理我，因為管理層看不出為什麼需要市調。「我對於公司該有市調這件事很執著，所以我索性自己跳下去做。我跟上頭要到許可，每個月準備一份《藥品行銷調查報告》，想盡辦法從各種資料來源蒐集資訊。我堅持不懈地做下去，不久高層主管跟其他業務員都對我做的事真心產生了興趣。我大力鼓吹市調之後一年，上頭就把我的一般職務排開，要我全力去發展自己的點子。」

他繼續說：「接下來就是自然而然的發展了。現在我有兩個助理、一個祕書，年薪大約是五年前的三倍。」

要培養率先出擊的習慣，可以嘗試以下這兩個特別的練習：

1. 勇於提倡。

看到什麼自己認為該做的事，把球拿起來向前衝就對了。

在離我家不遠的地方有個住宅區，蓋了大約三分之二以後，建造進度就幾乎停滯。有幾戶不在乎住宅區品質的人家搬了進來，促使另外幾戶素質最好的家庭賠售房子，離開了該住宅區。常見的情況發生了，有些原本關心社區的住戶受到毫不在乎的鄰居影響，也感染了毫不在乎的態度，這種心態傳播到每個人身上，只有哈利例外。哈利真心在乎這個住宅區，於是他決定大力提倡要打造優質社區。

首先，哈利召集了幾個朋友，指出這個住宅區潛力無窮，但如果不盡快採取對策，這一帶很快就會徹底淪為二流社區。哈利的熱情和率先出擊的做法為他贏得支持，大家很快便著手規劃清除空地：找來園藝公司，展開大型種樹計畫；為小孩打造遊樂場；建造社區游泳池等等。毫不在乎的家庭開始積極支持，整個住宅區重獲新生，展現新的光采。這個故事告訴我們，敢於提倡的人能達到多少成就。

你覺得自己的公司應該成立新部門、研發新產品或用其他方式擴張嗎？是的話，那就勇敢提倡吧。覺得社群團體需要新建築？勇敢提倡吧。希望孩子的學校提供更好的設備？大力提倡，為孩子把設備爭取過來吧。

儘管放心，雖然剛開始可能只有你一個人提倡，但如果整個計畫背後的點子夠好，你很快就會贏得許多支持。

當個行動派，大力提倡吧。

2. 自願承擔。

每個人都有過這樣的經驗：我們想要自願承擔某件事，但卻沒有去做。為什麼？因為害怕。怕的不是我們無法完成任務，而是怕同事說閒話。怕被笑、怕被說太巴結主管、怕被罵、怕人家說自己想方設法求加薪……這些恐懼讓許多人卻步不前。

想要融入團體、受到接納和認可是正常的，但問問自己：「我希望哪些人接納我？是暗地嫉妒我、所以嘲笑我的人，還是積極負責、一步步向上爬的人？」正確的選擇應該很明顯才對。

自願承擔的人將會脫穎而出，格外受到注意。更重要的是，自願承擔讓人有機會展現自己特殊長才與企圖心。無論在什麼情況，請勇於爭取特殊任務。

想一想你在職場、團體、社區中所知的領袖人物。他們符合行動派的描述嗎？還是你覺得他們更像被動派呢？

這些人百分百是行動派，是充滿行動力的人。只會袖手旁觀、按兵不動、態度消極的人絕對當不了領導者，但付諸實踐、思考時以行動為本的人自然而然會有追隨者。

人會信賴勇於行動的人，會理所當然地認定對方曉得自己在做什麼。

我從沒聽過有人因為這些理由獲得讚美：「他從來不打擾別人。」「他從來不採取行動。」「他一個口令一個動作。」

你聽過嗎？

如何養成以行動為本的習慣

請練習以下這幾個關鍵性的原則：

1. 當個行動派，當個積極做事的人。當個付諸實行的人，別當從來什麼都不做的人。
2. 不要等萬事俱備才開始行動。條件永遠不可能十全十美，應該對阻礙與困難做好心理準備，在面臨難關時設法解決。
3. 記住，光有想法不會讓人成功。點子的價值來自將點子付諸實行。
4. 透過行動來治癒恐懼、培養自信。做自己害怕的事，恐懼自然會消失。
5. 用機械式的步驟發動心理引擎，不要等自己進入狀況。採取行動，全心投入，你就能讓自己進入狀況。
6. 用「馬上去做」的模式思考。

「明天」、「下禮拜」、「晚點」之類的詞，往往跟招來失敗的「永遠不會」是同義詞。當個「我要馬上就做」的人。

7. 立刻放手去做。
不要浪費時間等自己準備好，馬上行動吧。

8. 把握時機率先出擊，當個勇於大力提倡的人。
勇於自願負起責任，讓人知道你有付諸實踐的能力與企圖心。

馬上行動，放膽去做吧！

第十一章

如何轉敗為勝

HOW TO TURN DEFEAT INTO VICTORY

社工和其他在貧民區工作的人都知道，在美國不幸跌入這個陰溝的可憐人，有著各式各樣的身家背景，他們的年齡、意識形態、信仰、教育都不同。有些居民的年紀出奇的輕，有些則很年邁；有的是大學畢業生，也有的基本上沒受任何正規教育；有人結過婚，有人沒結。不過在貧民區的人有個共通點：每個人都一蹶不振、頹喪、消沉；每個人都遭逢沉重打擊；每個人都急著（甚至是迫切地）把自己悲慘的經歷告訴你，訴說自己的人生被什麼給毀了。

這當中涵蓋了五花八門的人生經驗，包括「我老婆拋棄我」、「我失去一切，沒有別的地方可以去了」、「我做了幾件事導致我變成社會邊緣人，所以我來到了這裡」。

離開貧民區，來到普通人所住的區域，我們會發現這裡的生活習慣大不相同。不過，平庸之人用來解釋自己之所以過著平庸生活的理由，跟貧民區居民解釋自己為何徹底被擊垮的理由大同小異。平庸人士的內心頹喪消極，過去曾有些事情對他們造成打擊，始終沒有痊癒；現在的他們萬分小心，步步為營，無緣享受勝利人生帶來的興奮刺激，對自己始終有所不滿。他們疲憊不堪，但依然努力忍耐命運降下的平庸之刑。

他們同樣向失敗舉旗投降，只是做法比較為社會所「接受」。

接下來，要是再往上爬到毫無擁擠感、屬於成功人士的世界，同樣會發現這裡的人擁有形形色色的背景：公司主管、政府官員、各行各業的頂尖人才……他們的出身有的貧困、有的富有，有的家庭破碎，有的家裡務農，有的來自社會底層。你想像得到的各種嚴苛考驗，這些在社會各領域擔任領導者的人都可能經歷過。

用挫折推動自己前進

無論是年齡、才智、出身背景、國族，但凡你想得到的任何條件，貧民區居民、平庸人士、成功人士在各方面都有可能不相上下，唯有一個例外。他們之間唯一不同的那個條件，就是面對失敗的反應。

貧民區的人若受到重大打擊，就會從此萎靡不振，癱在原地無法動彈。平庸者會跪起來，但只是勉力爬走，等到沒人注意了，他們就趕快往另一個方向跑，再也不要承受相同的慘痛經驗。

但成功人士被擊敗時的反應不一樣。他們會重新站起來，學到教訓，忘了自己受到的打擊，然後繼續向前。

我有位摯友是成就非凡的管理顧問，走進他的辦公室，會覺得自己置身高雅場所：精品家具、地毯、忙碌的員工、貴賓客戶……在在告訴你這家公司發展得蓬勃興旺。憤世嫉俗的人可能會說：「事業有辦法做這麼大，這個人一定很能言善道。」不過這麼說就錯了。他成功不是因為善於花言巧語、絕頂聰明、家財萬貫或運氣極佳，而是一切全憑毅力（雖說我不太想用「一切」這個詞，因為「一切」有時聽起來未免過於簡化）——他從不覺得自己受到致命打擊，因此從不退縮。

這個蒸蒸日上、備受敬重的公司背後，隱藏著他奮戰不懈、力爭上游的故事。他在創業的頭六個月就耗盡十年的存款；由於沒錢付房租，只好在辦公室住了好幾個月；婉拒許多「好」工作，因為他更想要努力實現自己的點子；聽潛在客戶拒絕他提供的服務，次數比答應跟他合作的客戶多上百倍……

他熬過了艱苦得不可思議的七年，在這期間，我從未聽這位友人抱怨。他對我解釋：

「我還在學習。這一行競爭很激烈，而且因為服務是無形的，要讓人買單並不容易，但我正在學著做。」

他也成功了。

有一次我對這位朋友說，這次創業經驗想必讓他犧牲很多。但他答道：「不，我沒犧牲什麼，反而得到了不少。」

看看《美國名人錄》裡面那些人的生活，你會發現功成名就的人都曾遭逢困境。這些成功人士組成的菁英階層當中，每個人都曾面臨阻礙、失望、挫折與不幸。

讀一讀偉人的生平和傳記，你也會發現他們每個人都有很多向挫折投降的機會。或者你可以去了解自己公司的總經理、你所在城市的市長，或任何一個你覺得成就非凡的人，一探他們的出身背景。了解之後，你會發現對方曾經克服無比艱巨的障礙。

獲得輝煌成就的路途上，絕不可能避免遇到阻礙、困難和挫折。但我們可以反過來用挫折推動自己前進，接著就來看看要怎麼做。

最近我看了一些民航公司的統計資料，數據顯示，平均每飛行一百億哩僅有一人死亡。在這個年代，搭飛機已是極為安全的旅行方式。不幸的是空難依然會發生，但發生空難後，民航局會迅速趕往現場釐清事故原因，蒐集方圓好幾哩以內的金屬碎片拼湊起來，各方專家會試著還原可能的情況，目擊者和倖存者也會受到訪談，調查將持續數週或數月，直到能夠回答「是什麼原因造成空難」這個問題為止。

民航局找到答案後，便即刻採取措施預防類似意外再次發生。假如空難的原因是結構缺陷，其他同型飛機都必須把缺陷修正過來；假如是特定設備有問題，也必須加以改進。現代飛機上的幾百種安全機制，都是源於民航局的調查成果。

民航局研究挫折，讓空中飛行變得更安全，他們的努力顯然大有成效。

醫生會善用挫折，讓民眾過得更健康長壽。病人由於不明因素過世時，醫生往往會解剖遺體，找出死因，藉此進一步了解人體的運作機制，拯救其他人的生命。

我有位朋友是業務主管，每個月會特別用一場業務會議，協助業務人員找出丟掉重要生意的原因。他們會針對那筆失去的訂單還原情況，仔細審視，藉此讓業務人員了解未來如何避免發生類似的狀況。

勝多輸少的橄欖球教練懂得和球隊一起檢討每場比賽的細節，指出球員的失誤之處。有的教練每場比賽都會錄影，讓團隊真的能看到哪裡打得不理想。目的是什麼？是把下一場比賽打得更好。

不管是民航局官員、成功的業務主管、醫生、球隊教練，抑或是各行各業的專業人士，他們都遵循同樣的成功法則：從每一次挫折中吸取經驗。

我們面臨挫折時，第一個反應往往是陷入灰心沮喪的情緒，結果未能學到教訓。大學教授都明白，從一個學生對成績不及格的反應就能看出他是否有成功的潛力。多年前我在底特律的一所州立大學當教授，當時我不得不給一個即將畢業的四年級生打不及格。那位學生大受打擊，他已經安排了慶祝畢業的計畫，臨時取消很丟臉。他只剩兩個選項：要嘛重修這門課取得學分，但是會晚點畢業，要嘛不拿學位，直接退學。

我料想這位學生遇到這個挫折會大失所望，說不定甚至會頗感不滿，我猜的果然沒錯。我向他說明他的表現遠低於及格標準，他也承認自己並沒有認真修讀這門課。

接著他說：「可是我以前的成績至少都有平均水準，不能把這納入考量嗎？」

我說沒辦法，因為不同課程的表現不能相提並論。我又補充道，學校的學術規定很嚴，除非真的是教授犯錯，否則校方不允許變更成績。

這個學生明白已經不可能更改成績之後，不禁火冒三丈。他說：「教授，我起碼可以舉出五十個住在這座城市裡的人，他們就算沒修過這堂課、甚至根本不知道有這堂課，也一樣相當事業有成。這堂課到底哪裡重要？我只不過在一堂課拿了幾次低分，為什麼就拿不到學位？

「感謝老天，」他補上一句：「『外面』那些人不會像你們這些教授這樣看事情。」

他說完這句話以後，我頓了大約四十五秒。（我發現有人對你發飆時，先停頓許久再回答，是避免大吵一架的好方法。）

然後，我對這個學生說道：「你說的大致沒錯，許許多多極有成就的人都對這門課教的內容一無所知，你就算沒有這些知識也有可能成為人生贏家。在漫長的一生當中，這門課的內容不會決定你的成敗，但你對這門課的態度可能會。」

他問：「什麼意思？」

「很簡單。」我答道：「就像我們給你打分數一樣，外面的人也會對你打分數。無論校內校外，大家重視的都是你交出什麼表現，如果你做事只有二流品質，外面的人絕不會拔擢你或付你更多薪水。」

我再度停頓，確保他真的把這個道理聽進去。

接著我說：「容我給你一個建議。你現在非常失望，我明白你的心情，而且就算你對我有所不滿，也不會影響我給你的評分。但請用正面的態度看待這次經驗，這當中有個至關重要的教訓：要是你交不出成果，就沒辦法實現自己的理想。記取這次教訓，五年之後，你會發現這是你大學期間獲益最多的教訓。」

幾天後，我很高興聽說這位學生已重新選修這門課。這次他高分通過，之後他特別來找我，說他很慶幸先前跟我談了一番。

「上次修這門課被當讓我學到一課。」他說：「教授，這樣講可能很奇怪，可是我現在很慶幸第一次修的時候沒通過。」

我們可以化挫折為勝利。找出教訓，記取教訓，然後微笑回顧這次失敗。

電影迷絕不會忘記里昂・巴里摩這位演員。他在一九三六年摔斷髖骨，之後從未曾真正痊癒，多數人都覺得他完了，但巴里摩沒有放棄。他善用這次挫折，反而成就了更輝煌的演藝事業。此後十八年，儘管疼痛從未消退，他依然坐著輪椅演出了幾十個大獲成功的角色。

一九四五年三月十五日，在法國，有位名叫W・柯爾文・威廉斯的人走在戰車後方，戰車觸及地雷後爆炸，導致威廉斯先生從此失明。但他並未因此放棄成為牧師。後來威廉斯先生以優異成績自大學畢業，他說他認為失明「反而對我的職涯有所助益。我沒辦法以貌取人，所以總能再給別人一次機會。正因為失明，我不會光憑一個人的外表就排斥對方。我希望無論誰來找我，我都能讓對方自在說出真心話。」

這不就是一個不同凡響的真實案例，證明人能把殘酷慘痛的失敗轉化為勝利？

失敗只不過是種心理狀態，別無其他。

有個朋友是在股市叱吒風雲、極為成功的投資人，他會根據經驗，審慎評估每個投資決策。有一次他告訴我：「我十五年前剛開始進場投資，有幾次真的賠很慘。我就跟大部分的業餘投資者一樣，很想趕快賺大錢，結果錢卻很快就賠光。但我沒有因此放棄，我了解美國經濟的基本優勢，長遠來看，精選股票是一個人所能做的最佳投資。

「所以我把早期的失敗投資當成是在繳學費。」他笑著說。

另一方面，也有幾個我認識的人只不過投資失利一、兩次，從此就成了反證券人士。他們沒有分析自己犯的錯並選擇投資好標的，反而做出了完全錯誤的結論，認為投資普通股也是種賭博，遲早每個人都會輸。

從現在開始，從每個挫折中吸取經驗吧。下次如果在工作上或家中碰到什麼問題，請冷靜下來了解問題的起因，這樣才能避免重蹈覆轍。

只要懂得從中學習，失敗會是寶貴的經驗。

人類是很奇怪的生物，總是輕易認定勝利是全靠自己。當我們大獲成功，總希望全世界都知道。想讓別人看到你就說「那就是做了某某大事的人」，是很正常的渴望。

然而，人往往也會很快把挫折怪罪於別人身上。業務人員在業績下滑時，很自然會怪罪顧客；主管無法掌控全局，很自然會怪罪員工或其他主管；家中起了紛爭或出現問題，丈夫很自然會怪罪妻子，妻子也會怪罪丈夫。

在這個複雜的社會，別人確實可能會暗算我們，但有很多時候，問題往往出在我們自己身上。我們之所以輸掉，是因為自己能力不夠好，因為自己有所失誤。

請試著用以下這個方式訓練自己，迎向成功：提醒自己，你希望盡可能做到最好。用客觀的態度把自己放在顯微鏡下，扮演公正無私的第三方來審視自己，看看自己身上是否有從來沒注意到的弱點。如果有，那就採取行動加以改正。許多人變得太習慣自己的模樣，卻看不清自己還有辦法變得更好。

在某一期的《讀者文摘》中，了不起的大都會歌劇院明星萊絲・史蒂文斯曾說，她是在人生最低潮的時刻獲得了畢生最寶貴的建議。

女高音萊絲早年曾參加大都會歌劇院舉辦的「空中甄選」比賽，但未能獲獎。輸掉比賽後，萊絲滿腹怨懟。她說：「我很想聽別人對我說，其實我唱得比其他女歌手好，說評審非常偏頗，說我只是沒有人脈所以才沒得獎。」

但萊絲的老師沒有哄她，反而對她說：「親愛的，要有勇氣面對自己的缺陷。」

「雖然我很想自怨自艾，」萊絲繼續說：「我卻不斷想起這句話。那天晚上我因為這句話而驚醒，輾轉難眠，覺得一定要面對自己的短處。我在黑暗中躺著，問自己：『我為什麼失敗？』『我下次要怎麼贏？』我對自己承認，我的音域不夠寬廣，該把咬字練得更好，也必須練習更多角色。」接著萊絲說，面對缺陷不僅讓她在舞台上發光發亮，還讓她交到更多朋友，也養成了更討人喜歡的個性。

自我批判很有益處，不要逃避面對自己不如人的地方。效仿真正的專業人士，就能主動找出缺陷與弱點加以改正，這就是專業人士能成功的原因。

當然了，尋找缺陷不是為了讓你告訴自己：「又找到一個理由證明我就是很爛。」反之，看待缺失時，要告訴自己：「又找到一個方法讓我變得更好了。」

了不起的歐維爾．哈伯德曾說：「犯了錯卻不懂得記取教訓，才叫真正的失敗。」我們常會把自己的挫折怪罪到運氣上。我們總說：「唉，人生就是這樣，就像我們沒辦法控制球往哪裡彈。」然後再也不提這件事。但停下來想想，球不會毫無緣故往特定方向彈。有三個因素會決定球往哪裡彈：球、丟球的方式、球碰到的平面，球往哪裡彈，背後有清楚明確的物理定律，不是運氣。

想想看，民航局難道會公開說「很遺憾發生了空難，但人生就是這樣啊」？如果會，你鐵定會說民航局長該換人了。再想想看，醫生難道會告訴家屬「很抱歉，我不曉得原因，反正就是生病了」？下次要是你或家人生病，你一定會換醫生。「人生就是這樣」的態度對我們毫無益處，一旦又遇到類似狀況，我們壓根無法避免重蹈覆轍。如果橄欖球教練對於星期六輸掉比賽只說：「孩子們，人生就是這樣啊。」那下個禮拜，他的球隊依然會犯同樣的錯誤。

歐維爾・哈伯德曾連續十七年擔任密西根州迪爾伯恩市的市長，在美國的市鎮官員當中，他的政治生涯之精彩、所受的敬重都可說是數一數二。

在成為市長之前的十年，哈伯德原本大可用「運氣差」當藉口，從此淡出政壇。他還沒成為市長選舉的常勝軍時，曾三度爭取市長提名但「不幸落敗」，三度爭取參議員提名失敗，還有一次角逐國會提名失利。

但哈伯德仔細檢討這些挫折，將之視為自身政治教育的一部分。如今，他已是地方政府最犀利、最難以擊敗的政治人物。

與其怪罪運氣，不如仔細檢討這些挫折。如果輸了，就從中學習吧。很多人一輩子都用「不走運」、「運氣太差」、「倒楣」、「衰」來解釋自己為何活得平庸，這些人依然像個不成熟的小孩，只想博取同情。他們完全沒發現，自己徹底錯過了能成長得更好、更強大、更自立自強的契機。

不要再歸咎於運氣，沒人能憑藉怪罪運氣而實現夢想中的人生。

毅力需要搭配實驗精神

我有個朋友是寫作顧問、作家兼評論家，曾和我聊到成功的作家要具備什麼條件。「很多想當作家的人其實並不是認真想要寫作。」他解釋：「他們試了一下子，發現要認真投入很多心血之後就放棄了。我對這些人沒什麼耐心，他們只不過是想找捷徑，但捷徑根本不存在。

「不過，」他接著說：「我並不是要說光有毅力就夠了，其實往往不夠。

「我現在有個客戶，他寫了六十二篇短篇小說，但一篇都沒賣出去。很明顯，他確實夠有毅力追求當作家的夢想，但這個人的問題是他每個作品都是用同一套方式來寫，他的故事都用同一套死板的模式，從來沒拿故事素材做過什麼新實驗，不管是情節、角色，可能甚至連風格都沒試過。我正在想辦法讓這位客戶試試其他幾種新寫法跟新技巧，他確實有能力，假如他做點新嘗試，我敢說他一定能把不少作品賣出去，但要是他不做，只會一次又一次被退稿而已。」

這位寫作顧問的建議很好：我們必須有毅力，但毅力只是成功的一部分。除非結合毅力與實驗，否則我們就算一試再試、千試萬試，也依舊有可能失敗。

愛迪生是公認最有毅力的美國科學家，據說他在發明電燈泡之前做了上千次實驗，但請記住：愛迪生做了實驗。他努力不懈地追求研發燈泡的目標，但他的毅力之所以有所回報，是因為他結合了實驗精神。

光有毅力無法保證成功，但毅力結合實驗精神就能提高成功的可能性。

最近我留意到一篇關於持續探勘石油的文章，文中寫道石油公司會先仔細調查岩石構造，接著才開鑿油井。然而即使做了科學分析，八個開鑿出來的油井當中，有七個會是枯井。石油公司堅持不懈尋找石油，但他們不會把同一個洞挖到過分誇張的深度，而是在判斷第一口井沒有油的時候試著開挖新井。

很多有企圖心的人在人生中展現值得欽佩的毅力與野心，卻因為不懂得嘗試新的做法，結果未能獲得成功。各位應該專注於目標上，連一公分也不挪開，但不要撞得頭破血流。假如沒做出成績，就試試看新方法吧。

擁有鬥牛犬一般的固執、緊抓著目標不放棄，這樣的人都具備成功的特質。以下兩種建議能讓你培養更強大的實驗能力，懂得實驗再加上毅力正是大獲成功的條件。

1. 告訴自己「總會有辦法」。

每個念頭都有吸引力，你一旦對自己說：「我沒轍了，這個問題不可能解決。」就會吸引負面思緒，每個念頭都讓你愈發堅信自己想的沒錯，你確實已經一敗塗地。

但要是你認為「一定有辦法解決」，正面想法就會湧入腦中，幫你找到解決辦法。重要的是相信「會有辦法」。

婚姻諮商師指出，除非婚姻的其中一方（最好是雙方）認為彼此有機會重拾幸福，否則就不可能挽救婚姻。

心理學家和社工指出，除非酒鬼相信自己能克服酒癮，否則這人註定沉溺於酒鄉。

每一年都有許多公司創立，五年後只會剩下少數幾家持續營運，其中多數失敗者都會說：「競爭實在太激烈了，我們不得已只好放棄。」但真正的問題在於，大部分的人一旦面臨艱困處境，滿腦子都只有失敗，於是他們真的失敗了。

當你相信「會有辦法」，你便會自動把負面能量（放棄算了，回去過以前的日子）轉化為正面能量（繼續努力，繼續向前）。

只有在你認定某個問題或困境無法解決時，才會真的無法解決。相信會找到解決之道，就能吸引解決之道降臨；千萬別在口中說出或在腦中想著「不可能」。

2. 退後一步，重新開始。

我們往往近距離跟一個問題相處太久，結果看不清新的解決之道或新的做法。有位工程師朋友在幾個星期前接下工作，要設計一種嶄新的鋁合金結構，實際上那種結構可謂前所未見，從來沒人研發或設計過。幾天前我碰到他，問他進行得如何。

「不怎麼順利，」他答道：「我今年夏天花在園藝上的時間大概太少了。每次我長時間思考一個困難的設計問題時，總要想辦法轉換心情，讓新的點子浮現。」

他繼續說：「你絕對想不到有多少跟工程有關的點子，都是我坐在樹旁拿水管往草坪澆水時想到的。」

在一場記者會上，有人問美國總統艾森豪為什麼他常常在週末去度假，對於想要充分發揮創意潛能的人而言，他的回答是相當好的建議。艾森豪這樣說：「不管是帶領通用汽車公司，還是帶領美國，我不認為光是坐在辦公桌前埋首文件就能有最好的表現。事實上，總統應該避免心靈受到無關緊要的瑣事所困，專注於思考基本的大原則和因素……這樣才能做出清楚、出色的判斷。」

我有位前同事每個月都會和妻子離開鎮上去度假三天，他發現這樣退後一步、重新開始的習慣能讓自己更有效率地思考，也增加了他對客戶的價值。

遇到困難時，別急著放棄。相反的，請退後一步，讓自己的心智重啟吧。不妨試些簡單的方式，例如放點音樂、散散步、小睡；等再度嘗試解決問題，應對之道很快便會浮現。

在重大關頭，試著看光明面也能為你帶來益處。有個年輕人告訴我，他在失業時就想辦法樂觀看待，他是這麼說的：「當時我在一家大公司工作，有天我毫無預警收到資遣通知，由於經濟正陷入蕭條，所以上頭解僱了對公司來說『價值最低』的員工。「那個工作的薪水沒有多高，但跟我的成長環境相比，已經算很不錯了。我真的很沮喪，但過了幾個小時，我就決定把被炒魷魚視為因禍得福的機會。我其實也沒很喜歡那個工作，待下來絕對沒辦法往上爬，現在我有機會尋覓自己真心喜愛的工作。不久後，我找到一個自己更喜歡、薪水也更優渥的工作。被那家公司解僱是我人生中最棒的事。」

切記，無論境遇如何，你都只會看見合乎自己預期的事物。請聚焦於光明的一面，克服挫敗。只要培養清晰的眼界，一切都會往好的方向發展。

如何化失敗為勝利

決定成敗的關鍵，在於一個人如何面對挫折、缺陷、打擊和其他令人沮喪的處境。以下五大指引，可以協助你化失敗為勝利：

1. 研究挫折，為自己的成功鋪路。失敗時從中學習，下一次再贏回勝利。
2. 有勇氣對自己提出有建設性的批評。主動找出自身的缺陷與弱點，加以改正，這是讓你成為專業人士的關鍵。
3. 不要再怪罪運氣。深入檢討每次挫折，找出是哪裡出錯了。記住，沒人能憑藉怪罪運氣來實現夢想。
4. 毅力需要搭配實驗精神。專注於目標，但不要在死巷裡撞得頭破血流。嘗試新的做法，大膽實驗。
5. 記住，無論什麼境遇都必然有光明面，把光明面找出來。樂觀看待一切，擊敗失意消沉。

第十二章

善用目標幫助自己成長

USE GOALS TO HELP YOU GROW

大大小小的發明、醫學發現、工程建設、商業成功，人類取得的每項進步都是先有願景，之後才化為現實。小型衛星繞著地球轉並不是科學家的意外發現，而是因為科學家以「征服太空」為目標達成的。

目標是一個方針，是一項使命。目標不只是單純的夢想，而是將夢想付諸實踐。目標不只是一句含糊的「喔，但願可以」，而是清楚明白的「我正在往這個方向努力」。

除非訂定目標，否則什麼都不會發生，什麼行動都不會落實。少了目標，人只會徬徨無助過一輩子，踉蹌前行，從來不曉得自己該往哪裡走，所以哪裡都到不了。

目標對成功而言不可或缺，正如水對生命不可或缺。沒人能在缺少空氣的情況下存活，也沒人能在缺乏目標的情況下意外成功。請好好釐清自己想往哪裡走。

大衛・馬洪尼在三十三歲時成為一家冰淇淋品牌的總經理，他起初是在廣告公司的收發室做低薪的工作，二十七歲當上一間公司的副總經理。對於目標，他曾說：「重要的不是你以前做了什麼、現在過得如何，重要的是你想去哪裡。」

重要的不是你以前做了什麼、現在過得如何，重要的是你想去哪裡。

追求進步的企業組織會擬定十年、十五年後的目標。經營一流公司的高層主管都必須自問：「我們希望公司十年後會是什麼樣子？」並據此衡量該怎麼努力。規劃新工廠的產能時，依據的不是當下的需求，而是未來五到十年的需求。公司會進行調查研究，好研發十年或更久以後才會問世的產品。

現代企業不會任憑機運來決定自己的未來。那你呢？

我們每個人都能從具有遠見的企業組織學到寶貴的一課：我們是可以提前規劃十年後的未來，也應該這麼做。你現在就得勾勒出十年後想成為什麼樣的人，才有可能真正成為那個模樣——這是至關重要的觀念。不懂得預先規劃的公司即便存活下來也只會淪為平庸，同樣的道理，不懂得擬定長期目標的人，在漫漫人生中也必然淪為平庸。少了目標，我們勢必無法成長。

讓我舉個例子，說明為何人一定要有長期目標才能取得卓越成就。上個禮拜，有個年輕人來問我一個關於職涯的問題，在此姑且稱他為B。他溫文有禮，頭腦聰明，已經大學畢業四年，尚未結婚。

我們談了一陣子，聊他正在做什麼工作、學歷、能力和基本背景。接著我問他：「你希望我幫助你轉換跑道，那你想找什麼工作呢？」

「這個嘛，」他說：「這就是我來找你的原因。我不曉得要做什麼。」

當然，他碰到的問題十分常見。但我知道，光是替這個年輕人安排面試、撮合他去找幾個潛在的雇主，是沒辦法幫助到他的。在選擇職涯這方面，嘗試錯誤法是個挺糟糕的方式，能選的工作實在太多，歪打正著碰上正確選擇的可能性只有幾十分之一。我明白我必須幫助B了解，他得先想清楚自己的目的地，才能真正在職涯道路上前進。

於是我說：「從這個角度來看看你的職涯規劃吧。能不能告訴我，你預期十年後的自己應該是什麼樣子？」

B費了點時間細想這個問題，終於說：「嗯，我猜我想要的跟大家差不多：待遇優渥的工作跟一棟舒適的房子。不過說真的，」他繼續說道：「我沒認真想過這件事。」

我告訴他這非常正常，接著對他解釋，他現在選擇事業的做法就像是跑去機場購票櫃台說：「我要一張機票。」但除非你說清楚目的地，否則售票人員是幫不了你的。然後我說：「所以我得先確定你的目的地，才有辦法幫你找工作，能告訴我目的地的只有你。」

B聽了這話，開始思考。之後兩個小時，我們沒有討論不同種類的工作各有什麼優點，而是討論如何擬定目標，我相信B學到了職涯規劃最重要的一課：開始之前要先搞清楚目的地。

請像追求進步的企業這麼做：預先做好規劃。某方面來說，你自己就是一個事業單位，你的才華、技術與能力就是「產品」，為了讓產品售出最高價格，你得持續提升產品，方法就是預先做好規劃。

以下兩個步驟能幫助你：

1. 勾勒未來時，把未來分成工作、家庭與社交三大塊。用這個方式區分生活的不同面向，避免混淆與矛盾，幫助自己宏觀地看清全貌。

2. 要求自己明確釐清以下幾個問題的答案：

我這一生希望達成什麼成就？

我想成為什麼樣的人？

為了過令自己感到滿足的人生，必須具備哪些條件？

接著善用以下的指引來規劃。

十年後我的人生願景：十年規劃指南

一、工作領域：十年以後

1. 我希望收入到達什麼水準？
2. 我希望擔任什麼層級的職位？
3. 我想要有多大的職權？
4. 我希望這份工作能帶給我多少名望？

二、家庭領域：十年以後

1. 我希望家人和我自己享有多高的生活水準？
2. 我希望住怎樣的房子？
3. 我想要的度假是怎麼樣的？
4. 在小孩成年之初，我希望提供他們多少財務支持？

三、社交領域：十年以後

1. 我希望擁有什麼樣的朋友？

2. 我希望加入什麼樣的社交圈？
3. 我想在社群中擔任什麼樣的領導角色？
4. 我想提倡哪些值得支持的公益目標？

以前，我那個年紀還小的兒子堅持要跟我一起替愛犬「花生」建造狗屋，儘管「花生」的血統不明，我兒子卻深愛這隻聰慧的小狗。拗不過他的堅持與熱情，我於是和他一起為小狗打造牠專屬的狗窩，我倆都毫無木匠天分，從最終的成品也能明顯看出這點。

不久後，有位好友來訪，看見我們做的狗屋，說：「你們在樹叢裡放的那個是什麼？不會是狗屋吧？」我說就是狗屋。好友指出了幾個問題，最後下了結論說：「你們何不擬個計畫？這年頭沒人蓋狗屋不先畫設計圖的。」

勾勒未來時，別害怕描繪如同藍天般遠大的願景。人的成就取決於夢想有多大；一個人的野心有多大，收穫才可能有多大，所以請勾勒一個輝煌燦爛的未來吧。

以下如實摘錄一位前學員的生涯計畫，一字未改。讀讀看，注意這位學生多具體地描繪出「家庭領域」的未來。在他寫下這個計畫時，顯然清楚看見自己置身於那個未來。

「我在家庭方面的目標是在鄉下買塊地，蓋一棟典型的南部莊園那種房子，要有兩層樓跟白色柱子，整塊地用圍欄圍起來，大概還會挖一兩個魚塘，因為我太太跟我都喜歡釣魚，杜賓犬則養在屋子後院。我也一直想要有又長又蜿蜒的車道，路旁種滿了樹。「但是房子未必會有家的感覺，我會盡一切努力讓這棟房子不只是吃飯睡覺的地方。「十年後，我希望自己有能力帶家人環遊世界，我很想趕在家人因為結婚之類的原因四散各地前，實現這個願望。要是沒有時間一口氣環遊世界，那就拆成四或五趟旅行，每年去一個世界上不同的地區。當然了，這些『家庭領域』的計畫都取決於『工作領域』進行得如何，所以如果我想實踐這些夢想，就必須保持最佳工作狀態。」

這個計畫寫於五年前，當時這位學員開了兩間平價商店，如今已經拓展至五間，也買了十七畝地來蓋他的鄉間住宅。他正朝著目標思考，也朝著目標前進。

這三大人生領域彼此有著密切的關係，每個領域或多或少都仰賴另一個領域，但工作領域對其他兩個領域的影響力最大。數千年前，哪個原始人的狩獵技術最厲害，就會擁有最快樂的家庭生活、最受族人尊重；大體而言，同樣的道理至今依然適用。我們提供給家人的生活品質、我們在社群中多受敬重，主要取決於我們在工作領域有多成功。

全心投入目標，才可能有所成就

前陣子，麥肯錫管理研究基金會進行大規模研究，探討成為主管要有什麼條件，研究中訪問了商業、政府機關、科學和教育領域的領袖人物，結果研究者一再得到說法各異、本質相同的答案：**成為主管最重要的條件是強烈渴望獲得成功**。

切記約翰・沃納梅克的這個建議：「一個人唯有全副身心都被目標佔據，才可能有所成就。」

善加淬煉的慾望即是力量。如果無法遵循慾望、無法實踐你最想做的事，你就會踏上平庸之路。

記得我曾跟一個極有前途的年輕大學校刊記者談過話，他能力超群，如果有誰能在新聞業界闖出一片天，那就是他了。他快要畢業的時候，我問他：「你畢業之後打算做什麼？做新聞嗎？」他看著我說：「算了吧！我很喜歡寫作跟報導新聞，做大學校刊也做得很開心，但現在記者滿街都是，我可不想餓死。」

後來我五年沒見到他，直到有天晚上在紐奧良與他巧遇。當時他在一間電子公司擔任人事副總監，馬上跟我說自己不太滿意這份工作。「喔，我的薪水是還不錯，公司很棒，福利也很合理，不過你知道嗎，我的心思就是不在這上面。真希望我畢業的時候選擇進出版業或報社。」

這位年輕朋友流露了無聊、興趣缺缺的態度，又對許多事情心有不滿。要是他不辭掉現在的工作轉行去新聞業，他永遠無法實現最輝煌的成就。成功需要全心全意的努力，而人只能把靈魂投注在真心渴望的事物上。

假如他當初遵從了自身的渴望，一定能在某個傳播領域爬到最高層，長遠而言，他本該賺得比現在的工作更多，也會更有成就感。

從自己沒興趣的工作轉換到熱愛的事物上，就像在十年老車裡換上五百馬力的馬達一樣。

我們每個人都有慾望，每個人都夢想投入真心喜愛的工作，不過只有少數人會真正聽從渴望。但我們不僅不聽從渴望，甚至將之扼殺。為了親手扼殺成功，我們往往會使用以下五種武器，請把這些危險的武器盡快摧毀。

1. 自我貶抑。

你想必聽很多人說過：「我很想當醫生（或高階主管、平面設計師、自行創業），但我辦不到。」「我沒那個腦袋。」「就算試了我也會失敗。」「我的學經歷不夠。」許多人儘管年輕，卻用這種陳腐的自我貶抑來摧毀自己的渴望。

2. 安穩病。

有些人會說：「我現在很穩定啊。」但這是把安穩當做武器來扼殺自己的夢想。

3. 競爭。

「這個領域已經太多人做了。」「那個領域根本已經人滿為患了。」這種說詞會迅速消滅渴望。

4. 父母的掌控慾。

我聽過成百上千的年輕人在解釋選擇工作的理由時，都是這麼說：「我很想做別的工作，但爸媽希望我做這個，所以我非選這個不可。」我相信大多數父母都不是刻意要控制孩子的選擇。聰明的父母都希望兒女出人頭地，假如年輕人能耐心解釋自己為何偏好另一種行業，而且父母也願意傾聽，就能化解摩擦。在年輕人的職涯規劃上，父母和當事人其實是有一致的目標，那就是獲得成功。

5. 家庭責任。

「我早該在五年前換跑道的，但現在我有了家庭，所以換不了。」這種態度正是扼殺渴望的武器。

把這些扼殺慾望的武器給丟了吧！記住，想要發揮全力、盡情揮灑潛能的話，唯一的方法是做自己真心想做的事。聽從自己的渴望，就會活力充沛、熱情洋溢、滿腔熱血，甚至更加健康。

聽從渴望永遠不嫌晚。

在成就非凡的人當中，絕大多數人每週的工作時間都遠遠超過四十小時，但你絕不會聽他們抱怨工作過量。成功人士的眼中只有目標，所以他們的活力源源不絕。

我要強調的是，當你訂定渴望的目標，而且下定決心朝那個目標努力，你的精力就會躍升好幾倍。上百萬人只要選定目標、投注所有心力追求目標，就會自然湧現新的活力。目標能治癒無聊，甚至能治好許多慢性病。

啟動「自動執行機制」

讓我們再深入一點探討目標的力量。你在臣服於渴望時、全心全意執著於某個目標時，會激發達成目標所需的體力、精力和熱忱；與此同時，你也會得到另一個同樣寶貴的東西——也就是讓你直奔目標的「自動執行機制」。

全心沉浸於目標中的神奇之處，就是你會持續向目標邁進。這絕不是空話，其中的原理如下：

在你臣服於目標時，目標會融入你的潛意識。潛意識時時刻刻都保持平衡，但意識則非如此，除非你的意識與潛意識所想的一致；要是潛意識無法好好配合，一個人就會變得躊躇不前、疑惑迷惘、猶豫不決。目標融入潛意識的話，你自然會做出正確反應，因為你的意識已擺脫拘束，能夠進行清楚直白的思考。

接下來用兩個虛構人物來舉例，你讀過就會發現你認識的真實人物當中，也有這樣的人存在。姑且把這兩個虛構人物命名為湯姆和傑克，他們在各個面向的條件都相同，只有一個差別：湯姆全心全意沉浸於目標中，傑克則沒有。湯姆清楚明白自己想成為什麼樣的人，在他勾勒的未來中，十年後他會成為公司的副總經理。

由於湯姆臣服於目標，他的目標會透過潛意識，指引他「做這個」或「不要這麼做，這無助於實現理想」。目標時時刻刻告訴他：「我是你想要實現的未來，如果要我化為現實，你就必須這麼做。」

湯姆的目標不是只給他籠統的方向，更在各種大小事情上給予明確的指示。湯姆買西裝時，目標會提供意見，讓湯姆知道哪個才是明智的抉擇。目標幫助湯姆看清接下來該做什麼才能升職、開會時該說什麼、發生衝突時該怎麼做、要讀什麼書、該採取什麼立場；要是湯姆偏離目標，穩當安裝於潛意識的「自動執行機制」就會發出警訊，告訴他該如何回到正軌。

由於湯姆有目標，他敏銳覺察到能夠影響到自己的每一種力量。

另一方面，傑克缺乏目標，也沒有能夠指引他的自動執行機制。他很容易茫然無措，行動起來毫無個人原則，經常舉棋不定、三心兩意、總在猜測該怎麼做。傑克缺乏一貫的目標，於是在手忙腳亂之下踏上了註定平庸之路。

容我建議各位立刻重讀以上段落，徹底消化這個概念。接下來，看看周遭的人，仔細審視那些最出類拔萃的成功人士，留意他們是怎麼投注全副心力在目標上，無一例外。好好觀察就會發現，成就斐然的人都過著以目標為重的生活。

請臣服於目標，徹底臣服，讓目標占據自己的身心，讓你獲得達成目標所需的自動執行力。

總有那麼些時候，我們在週六早晨醒來時是毫無計畫，沒有惦記在心或寫下來的待辦事項告訴我們要做什麼。在這種日子，我們幾乎什麼也沒做成，無所事事度過一天，慶幸這天終於結束。但假如我們先計劃好怎麼面對一天，就會有所成果。

這個共通的經驗當中有個重要的教訓：想要有所成就，必須先有所計畫。

第二次世界大戰前，美國科學家看出了原子的潛能，但當時世間對於如何讓原子分裂並釋放龐大的能量所知甚少。美國參戰後，具有遠見的科學家看出原子彈潛藏的威力，於是發起緊急專案，目標只有一個：製造原子彈。後來的事人人都知道了，不到幾年，眾人集結的力量便有了成果，原子彈被投放，戰爭告終。要是沒有當初那個實踐目標的緊急專案，原子分裂的研究成果可能會晚上十年，甚至是更久。

擬定目標，把事情搞定。

要是生產主管沒有制定預計完成日和製造時程，龐大的生產系統將會陷入無可救藥的泥淖；業務主管都知道，如果好好為業務員制定業績目標，他們的銷售成績會更出色；教授都明白要先規定期限，學生才會及時交出期末報告。

在邁向成功之時，請制定目標，例如：截止期限、預計完成日、自訂業績目標。唯有預先計畫，才可能有所成就。

喬治・E・伯奇博士是研究如何長壽的專家，曾任教於杜蘭大學醫學院。據他所言，決定一個人活多久的因素有很多，包括：體重、遺傳、飲食、心理壓力、個人習慣等等。但伯奇博士說：「結束人一生最快的方法是立刻退休，然後什麼也不做。但凡是人，都必須在生活中保有某個興趣，才能生存下去。」

每個人都有選擇。退休可以是開始，也可以是結束；「吃飽睡、睡飽吃」的態度正是迅速扼殺自我的一種退休形式。如果有人認為，活出精彩人生的目標是退休，那他很快就會發現退休即是人生的終點。少了活著的意義和目標，人很快就會衰弱消亡。

與之相反的是「我要馬上迅速投入新活動」，這也是較為明智的退休模式。我有位優秀的友人名叫盧・戈登，他就選擇了這種退休方式。盧曾在亞特蘭大數一數二的銀行擔任副總裁，數年前退休，對他來說退休就像大學畢業一樣讓人興奮，因為他步調快速地隨即開展自己的商業顧問事業。

如今他年過六旬，服務眾多客戶，受邀前往各地演講。工作之餘他還協助推廣「業務行銷管理交流會」，這個由專業業務和業務主管組成的團體成立時間尚短，但成長飛快。我每次見到盧，他彷彿又年輕了幾歲，從精神上來說，他堪比三十歲的年輕人。在我認識的人當中，無論年紀大小，很少人能像這位長者一樣決心不要「歸隱山林」。

像盧・戈登這樣的人，絕不會是那種怨嘆自己老了沒用的無趣老頭。

在用盡其他辦法都無效的狀況下，強而有力的目標依然能讓一個人保有生存意志。D太太是我大學好友的母親，在她兒子才兩歲時罹癌，更不幸的是她丈夫在她確診癌症前三個月過世。醫生表示她情況不樂觀，但D太太不願放棄，決心經營丈夫留下的一間小店，扶養兒子讀完大學。她動了多次手術，每次醫生都說：「妳只剩下幾個月了。」她的癌症始終沒有治癒，但醫生口中的「幾個月」成了二十年。她親眼看著兒子大學畢業，在六週後過世。

她擁有一個目標、一個熾熱的渴望，力量強大得足以將注定發生的死亡推遲二十年。善用目標，讓自己活得更久。想要長壽，世上沒有一種藥比渴望做某件事更有效，你的醫生也會支持這個論點。

「再走一哩」法則

決心取得不凡成就的人都懂得一個道理：進步需要一步步地累積。房子需要一磚一瓦地蓋；球賽需要一次接一次進攻才會贏；百貨公司需要一個接一個顧客上門，規模才會越來越大。每一個了不起的成就，都是由一連串小小的成就累積而成。

知名作者兼戰地記者艾瑞克・薩法瑞曾在《讀者文摘》（一九五七年四月）中寫道，在他人生中，對他而言最有助益的建議是「再走一哩」法則。以下摘錄他的文章：

「二次大戰期間，我搭的軍用運輸機受損，於是我和其他人用降落傘降落在緬印邊境的山間叢林。武裝救援隊花了好幾個禮拜才抵達，然後我們展開漫長、煎熬的旅程，徒步前往印度某個城市。我們必須在燠熱的八月雨季中，翻山越嶺跋涉一百四十哩。

「踏上旅程的第一個小時，我就不小心把靴釘深深踩進腳底，到了晚上我兩腳都磨出五十分錢那麼大的水泡，還不住流血。我有辦法這樣一瘸一拐地走完一百四十哩嗎？有的人狀況比我更慘，他們能走這麼遠嗎？我們都覺得不可能。但我們至少可以一瘸一拐地走到那座山，可以撐到下一個態度友善的村莊過夜，我們要做的就只有這樣……

「為了寫一本二十五萬字的書，我辭掉工作、放棄薪水，當時我根本不敢細想這整本書的浩大工程，否則我大有可能放棄寫這本後來最令我引以為傲的代表作。我每次試著只思考下一段，而不是下一頁，下個章節更是絕對不去想。就這樣，整整六個月，我只是一段又一段地往下寫，其他什麼也沒做。整本書就自然而然完成了。

「多年前我開始每天寫廣播新聞，至今寫了超過兩千份新聞稿。要是當初有人叫我簽約『寫兩千份新聞稿』，我一定會因為數量太多而拒絕。但他們只是要我寫一篇，再接著寫下一篇，所以我也只有做這麼多。」

「再走一哩」法則對艾瑞克・薩法瑞有效，對你也會有效。

想要達成任何目標，這套「一步一步來」的方法是唯一聰明的做法。據我所知，最有效、在我身邊最多人身上發揮作用的戒菸方式，就是我所謂的「一次一小時」法。與其下定決心再也不抽菸，藉此一次實現終極目標（也就是從此戒菸），當事人只要決定接下來一個小時不抽菸即可。等一個小時過去，當事人再重新下定決心、做到：接下來一個小時也不抽菸。之後等菸癮稍緩，就可以把時間拉長為兩個小時，接著拉長到一天，最終就能實現目標。想要一口氣戒掉菸癮的人之所以失敗，是因為精神上的痛苦大到讓人受不了。一個小時很簡單，一輩子卻很難。

達成任何目標都需要「逐步法」。對基層主管而言，不管是看起來多無關緊要的任務，都應該視為向前邁進的一次機會；如果一個業務員想爭取管理職，就需要先把一筆一筆成交訂單累積成實戰業績。

教授的每一次講課，科學家的每一次實驗，企業主管的每一次開會，都是朝遠大目標邁進一步的機會。

有時候，你可能覺得某人彷彿一步登天，但只要深入了解那些平步青雲的人過去有什麼經歷，就會發現對方先前打下了穩固的基礎；至於有些「成功人士」，轉瞬成名又轉瞬成空，原因就在於他們不過是基礎不穩固的假貨罷了。

宏偉的建築是用一塊塊石頭建造而成，但每塊石頭乍看之下都平平無奇；成功的人生也是這麼建造而來的。

重要建議：無論你要做的下一件事看起來多無關緊要，請將之視為通往成功的下一步，就此邁向自己的終極目標吧。請謹記一個問題，用這來評估自己做的每一件事：「這麼做能幫助我實現理想嗎？」如果答案是「否」，那就放棄；如果答案是肯定的，就放手去做。

這個道理很清楚：我們無法突然飛黃騰達，只能一步步往上爬。擬定每月要達成的目標就是一個非常好的計畫。

檢視自我，看看該採取哪些具體行動來提升成效。不妨使用下表做為為指引，在表中的每個大標下方寫下自己未來三十天要做的事，三十天過後再回顧進度，並擬定新的三十天目標。持續努力完成「小事」，能讓自己做好準備完成大事。

三十日進步指南

從現在開始到＿＿＿＿＿＿＿，我會：

一、戒掉這些習慣：（建議）

1. 拖延。
2. 使用負面詞彙。
3. 每天看電視超過一小時。
4. 講八卦。

二、養成這些習慣：（建議）

1. 每天早上仔細審視自己的外表。
2. 在前一天晚上預先規劃隔天的工作。
3. 一有機會就稱讚別人。

三、用下列方式提升我對老闆的價值：（建議）

1. 把下屬培養得更優秀。
2. 更加了解自己的公司、公司的業務內容，以及公司所服務的顧客。

3. 提出三項具體的建議，協助公司更有成效。

四、用下列方式提升自己在家中的價值：（建議）

1. 針對另一半會做但我視為理所當然的小事，向伴侶表達感謝。
2. 每週為全家做一件特別的事。
3. 每天用一個小時，把全副心神放在家人身上。

五、用下列方式讓思緒更靈敏：（建議）

1. 每週花兩個小時讀跟自己工作領域相關的專業雜誌。
2. 讀一本心理勵志書。
3. 交四個朋友。
4. 每天花三十分鐘不受打擾地靜靜思考。

下次遇到神態特別從容、外表格外齊整、思緒非常清晰、做事十分有效率的人，請提醒自己，對方並非天生如此。他們每天必定傾注不少心力，才能成為現在的樣子。培養新的正面習慣、摧毀舊的負面習慣，是日積月累的過程。

馬上制定自己的第一個三十日進步指南吧。

就算繞路也沒關係，只要可以到達自己想去的地方就好

我提到擬定目標時，經常有人會這樣說：「我知道朝目標努力很重要，但老是有事情打亂我的計畫。」

的確，很多不受控制的因素會影響自己的目標，也許是家人生重病或去世、自己打算爭取的職位被撤銷，或者說不定是遇到了什麼意外。

因此，我們必須謹記一個道理：做好繞遠路的準備，泰然處之。假如你開車時遇到「道路封閉」的標示牌，你既不會傻傻待在那裡，也不會直接打道回府。此路不通，只單純代表你沒辦法走這條路到達目的地，只要另外找一條路去自己想去的地方就好了。

看看軍事將領是怎麼做的：他們針對一個目標制定主要計畫之後，也會擬定後備方案，要是有什麼意料之外的事件導致A計畫不可行，就改採B計畫。搭飛機時，即便預計降落的機場關閉，你也不會太驚慌，因為你明白機師必定準備了另一個降落地點與備用燃油。

成就超群的人往往都有需要繞路的時候——而且是繞很多次路。繞路時，我們不必改變目的地，只是改走另一條路罷了。

你大概聽很多人說過類似這樣的話：「喔，真希望我在某某年買了某某股票，那我現在就是富翁了。」

提到投資，大家通常想到的是股票、債券、房地產或其他種類的資產，但收穫最多、最重要的投資其實是自我投資，也就是購買能夠培養自己精神力和技能的事物。

追求進步的企業都會明白，五年後這個企業有多強大，不是取決於這家公司在五年後的未來做了什麼，而是今年做了什麼、投資了什麼。獲利的來源只有一個：投資。

我們每個人都該懂一個道理：如果想要獲利，如果想要在未來得到超越「一般」收入的報酬，就必須投資自己。**人必須投資才能達成目標。**

以下兩種穩健投資，能在未來幾年為各位帶來豐厚回報：

1. 投資教育。

教育是你能在自己身上挹注的最佳投資，不過我們得先了解教育的本質。

有些人會用在學校讀了幾年書、拿了幾張文憑或證照、擁有幾個學位來衡量教育程度，但在教育上光是追求數量未必能讓人成功。以通用電氣公司董事長柯迪納的話來說，企業管理層是這麼看待教育的：「在我們公司的歷任總裁中，威爾森先生和柯芬先生是最優秀的，但他們連大學都沒念。雖然公司幾位現任主管擁有博士學位，但總計四十一位的主管中，有十二位沒有大學文憑。我們注重的是能力，不是文憑。」文憑或學位或許會幫助你找到工作，但無法保證你在職務上的表現。「企業注重的是能力，不是文憑。」

對有些人而言，教育代表一個人腦中儲存了多少資訊，但死背硬記的教育方式無法讓你實現自己想要的生活。我們已經越來越仰賴電腦、文件和機器來儲存資訊，要是我們只能做到機器也做得到的事，我們的麻煩就大了。

真材實料、值得我們投資的教育可以培養和開發自己的心智。一個人的教育程度有多好，取決於此人的心智開發了多少——簡單來說，取決於這人有多擅長思考。

任何能夠提升思考能力的事物都是教育，你也可以透過許多方式來獲得教育。對大多數人而言，最有效的教育來源就是附近的大專院校，正統的教育都歸他們負責。

如果你最近沒去過大專院校，你一定會大感驚奇。你會很高興發現學校提供種類多樣的課程，那些在下班後去上課的人更會讓你驚喜，他們絕不是死讀書的假貨，反倒大有可為，其中很多人早已擔任重要職務。在我最近上的一堂夜間課程中，學生總共二十五人，當中就有開了十二家連鎖店的老闆、全國連鎖餐飲集團的兩位採購、四位實習工程師、一位空軍上校，以及其他幾個地位相仿的同學。

現在有很多人去讀進修部或在職專班，但學位並非他們進修的主要動機，說到底那終究只是一張紙罷了。他們進修是為了淬煉心智，這正是投資美好未來的絕佳方式。

別懷疑，教育是極其划算的投資，用不著花大錢，你就能整整一年每週都上一個晚上的課。算算看這筆花費佔你總收入的幾成，問自己：「難道我的未來不值得用這小小的一筆錢投資嗎？」

何不立刻決定投資自己？你可以把計畫取名為「進修：一週一晚，持續一生」，這個計畫能激勵自己追求進步、永保年輕與機敏，讓自己在感興趣的領域持續精進，也讓自己周遭圍繞著前途同樣光明的人。

2. 投資能激發想法的事物。

教育能型塑人的心智，加以激發活絡，並且訓練心智應對全新的情境與解決問題。激發想法的事物也能帶來類似的好處：餵養你的心智，提供有意義的素材讓自己思考。

激發想法的事物最好去哪裡找？可以找的地方很多，但如果想要源源不絕、高品質的想法，你可以這麼做：下定決心每個月至少買一本刺激思維的書，閱讀兩種能激發點子的雜誌。只消花費少許的錢與時間，就能隨時隨地向最了不起的思考大師取經。

我曾在一場午餐會偶然聽見有人說：「可是《華爾街日報》太貴了，我訂不起。」

他的友人顯然是個更有成功思維的人，回答道：「哦，我倒覺得我承擔不起不訂《華爾街日報》的後果。」

聽從成功人士的真知灼見，投資自己吧。

採取行動的8個法則

以下快速回顧本章內容，請善加運用這些帶來成功的法則：

1. 訂定清楚明確的目標。
   勾勒自己十年後想成為的樣子。
2. 寫個十年計畫。
   你的人生如此重要，不該聽天由命。白紙黑字寫下自己在工作、家庭和社交領域想達成的成就。
3. 臣服於渴望。
   擬定目標，讓自己更精力充沛；擬定目標，做出實績；擬定目標，探索活著真正美妙之處。

4. 讓重大目標成為你的自動導航系統。

全心全意浸淫於目標之中，你自然會做出正確的決定來實踐目標。

5. 達成目標的過程需要一步步累積。

無論一件事乍看有多瑣碎，都應該把自己做的每件事視為實現目標的一步。

6. 建立三十日計畫。

一天天積累下來的努力會帶來回報。

7. 對繞遠路處之泰然。

繞路只不過代表要走另一條路罷了，不該因此放棄目標。

8. 投資自己。

購買能培養精神力和技能的事物；投資教育，投資可以激發想法的事物。

第十三章

像個領導者一樣思考

HOW TO THINK LIKE A LEADER

再次提醒：人無法靠他人拔擢來取得非凡成就，而要靠與你共事和聽你發令的人。非凡的成就需要其他人的支持和合作，獲得別人的支持和合作則需要領導能力。成功和領導力是相輔相成，而領導力意味著引導別人去做沒人帶頭時就不想做的事。

前幾章闡述的成功法則是寶貴的工具，能夠幫助各位培養領導能力。到了這個階段，我們需要精通四個特別的領導法則，如此一來無論是在主管辦公室、職場、社群團體、家中，只要是任何有人的場合，別人都願意為我們做事。

四個特別的領導法則

這四個領導法則是：

1. 設身處地為你想引導的人著想。
2. 想想看，有人情味的做法是什麼？
3. 思考進步、相信進步、追求進步。
4. 花時間與自己對話，培養卓越的思考力。

練習這些原則能為各位帶來亮眼成果。「領導力」這個詞彙乍看遙不可及，但在日常生活中實踐這些原則，就能為大家一掃這個詞彙的神祕感。

接著來看看怎麼做。

領導法則第一條：設身處地為你想引導的人著想

設身處地為你想引導的人著想有神奇的魔力，能讓別人按照你期望的方式行動，不管是朋友、同事、客戶或員工都有效。看看以下兩個案例，各位就會知道為什麼。

泰德在一間大型廣告公司擔任文案和導演，在公司爭取到一家製造童鞋的新客戶之後，公司指派泰德負責設計幾支電視廣告。

行銷活動展開一個月左右之後，他們發現這些廣告對於帶動零售通路的產品銷售沒什麼助益，並把檢討對象鎖定在電視廣告上，因為大多數城鎮都只下了電視廣告。

他們針對電視觀眾展開調查，發現大約有百分之四的觀眾認為這支廣告拍得很好。這百分之四的觀眾回饋說「這是歷來最棒的廣告之一」。

另外百分之九十六的觀眾要不是對這支廣告無感，就是很直白地表示「爛透了」。公司收到幾百則諸如此類的觀眾回饋：「有點白痴，配樂聽起來像三更半夜在練團的樂團。」「我的小孩很愛看電視廣告，但那個鞋子廣告一播，他們就會去廁所或開冰箱找東西吃。」「感覺太自以為了不起了。」「我覺得只是一支賣弄聰明的廣告。」

將這些訪問資料統整起來分析後，他們發現了一個有趣的現象。在收入、教育、文化素養和興趣等方面，喜歡這支廣告的那百分之四觀眾都和泰德十分相近；剩下那百分之九十六則毫無疑問屬於不同的社經族群。

泰德那支廣告砸了大錢卻效果奇差，是因為泰德只考慮到自己的興趣。在籌備這支廣告時，他想的是自己會怎麼買鞋，而不是多數民眾怎麼買鞋；他拍了自己會喜歡的廣告，而不是主流觀眾會喜歡的廣告。

假如泰德站在一般人的立場思考，問自己兩個問題：「如果我是家長，什麼樣的廣告會讓我想買這些鞋子？」「如果我是小孩，什麼樣的廣告會讓我跟爸媽說我想要這些鞋子？」結果就會天差地別了。

＊＊＊

瓊安二十四歲，聰明伶俐、受過良好教育、漂亮迷人，剛從大學畢業，在一間平價百貨公司找到採購助理的工作，負責採買成衣。推薦人給她的評價相當高，其中一封推薦信如此寫道：「瓊安有企圖心、才華和熱情，一定能成就斐然。」

但瓊安沒有成就「斐然」。她只做了八個月便離開，轉找其他工作。

我和她的採購同事很熟，有天我問他這是怎麼回事。

「瓊安是個好女孩，也有很多優點，」他說：「但她有個重大缺陷。」

「是什麼？」我問。

「這個嘛，瓊安老是採購她自己喜歡但我們多數客人都不喜歡的產品。她沒有設身處地為來這裡購物的客人著想，只挑選風格、顏色、材質、價格符合她自己喜好的東西。我跟她說某個產品線不太適合我們，但她說：『喔，客人一定會愛死，我就很喜歡啊，我覺得這會賣很快。』

「瓊安在富裕的家庭成長，從小受的教育就是告訴她，價格不重要。瓊安沒辦法用中低收入客人的角度來挑選衣服，所以她採購的產品就是不適合。」

這告訴我們，如果想讓別人按照自己的期望去做，你必須先站在他們的立場思考。設身處地思考的話，自然會浮現有效引導他人的訣竅。有一位極其成功的業務朋友告訴我，在他介紹產品前，他會花許多時間推想潛在客戶的反應。講者站在聽眾的立場思考，就能發表更有趣、力道更強的演講；上司站在員工的角度思考，就能提供更有效、更容易消化的指令。

有位管理階層的主管跟我解釋這個技巧對他有什麼幫助。

「我進這家店（一間中等規模的服飾店）當副理時，我有個工作是要處理所有跟催款有關的聯繫往來。那家店的催款信讓我非常失望，用詞尖銳、無禮又充滿威脅性，我讀了之後心想：『拜託，我收到這種信一定氣炸，絕對不會付錢。』於是我著手開始重寫，想像如果收信人是我，什麼樣的信會讓我願意去繳款。那些信發揮了效果，簡單說，藉由替逾期未繳款的客戶設身處地思考，我們收到的還款之多，還創了紀錄。」

許多候選人之所以輸掉選舉，是因為他們無法站在一般選民的觀點來思考。有位投入全國選舉的政治人物儘管擁有不輸對手的學經歷，卻以大幅差距慘敗，原因只有一個：他用的詞彙只有一小部分選民聽得懂。

他的對手則恰恰相反，是個善於站在選民立場思考的人。和農民對話時，他就使用農民聽得懂的語彙；和工人對話時，他改採工人習慣的用字遣詞；在電視上演講時，他傳達的對象是一般選民，而不是教授。

請謹記這個問題：「假如我和對方交換立場，我會怎麼想？」這麼一來，你就能採取可以更成功的行動。

無論在什麼處境當中，替我們想要引導的對象設身處地著想，絕對是最佳的思考準則。幾年前，有個小型家電製造商研發出絕不會熔斷的保險絲，他們把產品定價為一美元二十五分錢，接著找來一家廣告商行銷這個產品。

負責這個廣告的專案經理很快就對產品燃起強烈熱情，規劃要在全國各地鋪天蓋地放送廣告，涵蓋電視、廣播跟報紙。他說：「一定會成功，我們第一年就能賣一千萬元。」有些人試著警告他，說保險絲並不是很受歡迎的產品、缺乏情懷的誘因，而且一般人買保險絲時只會買最便宜的。這些提供建議的人說：「何不選幾家雜誌登廣告，鎖定收入比較高的顧客來行銷？」

他們的建議未獲採納，廣告公司推出了大型行銷活動，六週之後就由於「成績不理想」而中止。

問題在於那位廣告經理看待高價保險絲時，是用他自己的觀點，也就是高收入族群的觀點，卻沒有站在大眾市場主要收入水準的角度來看待這個產品。要是他設身處地思考，就會明白行銷給高收入族群是明智之舉，從而挽救這個案子。

請培養設身處地為你想引導的人思考的能力，以下這個練習可以幫助你。

交換立場小練習

情境	為了取得最佳成果，問自己
對某人下達工作指示	如果站在不熟悉這個工作的角度思考，我說得夠清楚嗎？
寫廣告文案	如果我是具代表性的潛在客戶，我對這個廣告會有什麼感想？
電話禮儀	如果我是接電話的人，會對我講電話的語氣跟禮儀有什麼想法？
送禮	這是我喜歡的禮物，還是對方會喜歡的禮物？（兩者差別很大）
下指令的方式	假如有人用我對別人下指令的方式來對我下指令，我會很樂意聽從嗎？
教養小孩	如果我是小孩，考慮到他的年齡、經歷跟情緒，我會對這種教訓方法有什麼反應？
外表	如果我的上司穿得跟我一樣，我會怎麼想？

準備演講	根據聽眾的背景和興趣，他們對這演講內容會有什麼感想？
娛樂	如果我是客人，會喜歡什麼食物、音樂跟娛樂？

實踐「交換立場」法則

1. 考慮對方的處境，也就是站在對方的立場思考。記住，對方的興趣、收入、才智、背景可能都和你大相逕庭。
2. 接著自問：「如果我身在此人的處境，我會對這件事（也就是你希望對方做的事）有什麼反應？」
3. 想想假如你是對方，你會被哪個做法打動，然後採取行動。

領導法則第二條：想想看，有人情味的做法是什麼？

在需要領導力的場合，每個人採取的做法都不同。一種做法是當個獨裁者：獨裁者不管做任何決定，都不會向下面的人徵求意見。他拒絕傾聽下屬對某件事的看法，也許是因為在他內心深處，他害怕下屬才是對的，這樣自己就丟臉了。

獨裁者的領導不會長久。員工也許會暫時假裝忠誠，但不滿很快就會蔓延，會有幾個最優秀的員工離開，留下來的人則會結盟策畫推翻暴君，最後造成整個單位無法順暢運作，獨裁者在上司的心目中也就觀感不佳。

第二種領導方式是冷酷、機械式、一板一眼。採用這種做法的人完全照章行事，不明白規矩、政策或計畫都只是針對一般狀況的指引。這位企圖領導的人把別人都當成機器，但在人不喜歡的事情當中，最令人討厭的莫過於被當成機器了。淡漠、不近人情的效率專家並非理想的領導模式，在他麾下工作的「機器」只能發揮一部分能力而已。

出類拔萃的領導人物會使用第三種方式，我們稱之為「有人情味」的模式。

幾年前我和S密切合作，他在一家大型鋁製品廠商的工程研發部門擔任主管。S深諳「有人情味」的領導模式，也因此獲得許多回報。S會透過許多細微的行動傳達出：「你是個活生生的人，我尊重你，我會盡可能幫助你。」

若有來自外縣市的新人加入部門時，S會想方設法幫助新人找到適合的住處。

他和祕書與另外兩名員工合作，在辦公室為每個員工舉辦生日派對。花在派對上的三十分鐘並不是時間成本，而是提升向心力與生產力的投資。

他發現有一位員工的宗教信仰屬於小眾時，他會將員工叫進辦公室，告訴對方他會想辦法安排，讓他在宗教節日（非放假日）也能放假。

如果員工或員工的家人生病了，S會記在心上。他還會特別花時間讚美每個員工，稱賞他們在職場之外的成就。

不過，最能體現S「人情味」的哲學之處，是他處理解雇員工的方式。S這個職務的上一位負責人雇用了一名員工，但該員工無論是能力或熱情都無法勝任手上的工作。S漂亮地處理了這個問題；他沒像傳統做法那樣把員工叫進辦公室，劈頭就給出這個壞消息，然後給對方十五到三十天收東西走人。

相反地，他做了兩件不尋常的事。首先，他對員工解釋要是找個更能發揮能力與熱情的新工作，對這位員工來說反而會更有優勢，接著協助此人聯繫一位頗有聲譽的職業諮詢顧問。接著，他做了另一件超出自己職責範圍外的事：他為員工牽線安排與其他公司的主管面試，那些公司都有可能需要那位員工的技能。在發下「解雇」通知後的十八天，員工便轉職到另一個前景看好的工作。

這樣的解雇過程讓我很感興趣，所以我請S解釋他為什麼想這樣做，他是這麼說的。「我很久以前就有個信念，一直記在心上。」他開口說，「領導一個人，也需要為這人提供保障。他不適合這份工作，我們從一開始就不該雇用他，但既然雇用了，起碼我能協助他轉職。」

S繼續說：「誰都可以雇用員工，但處理解雇的方式才是對領導能力的考驗。在那位員工離職前幫助他找到新工作，能讓在我部門的每個人對工作產生安全感，我親身立下表率，讓他們知道只要有我在，沒人會流落街頭。」

別懷疑，S「有人情味」的領導模式大有成效。員工不會在背後偷偷說S的八卦，他也得到了無庸置疑的忠誠和支持。S的工作獲得最大的保障，因為他也為員工提供了最大程度的保障。

我和一個名叫鮑伯的朋友熟識大約十五年，他年近六旬，人生一路走得並不順遂。鮑伯沒受過完整的教育，沒有家底，又在一九三一年失業，但他總是充滿行動力。鮑伯沒有賦閒在家，而是在自家車庫開了一間家具店，由於他不屈不撓的努力，事業越來越興旺，如今已是超過三百位員工的現代家具製造廠。

現在鮑伯已是百萬富翁，無須為金錢或物質方面擔憂。不過鮑伯的豐盛也體現在其他層面：不論是朋友、幸福感和滿足感，他都是個百萬富翁。

鮑伯有許多優點，但其中最突出的是他極其渴望幫助別人。鮑伯充滿人情味，而且特別擅長用富有人情味的方式對待他人。

有天，鮑伯和我討論起批評別人這回事。鮑伯有套極富人情味的做法，堪稱模範公式。他是這麼說明的：「我想不會有人說我是個濫好人或容易心軟。我經營公司，如果出了什麼問題，我會去解決——但怎麼解決才是關鍵。假如員工的做法錯了，或是犯了失誤，我會萬分小心避免說話刺傷他們、讓他們覺得被貶低或羞愧。我只用四個簡單的步驟：

「首先，我會私下和他們談談。再來，我會稱讚他們哪裡做得好。第三，我指出一個他們當下能做得更好的地方，也幫助他們找出方法。第四，再次稱讚他們的優點。

「這套四步驟公式很有效。我這麼做的時候別人會感謝我，我發現大家都喜歡這種做法，當他們走出我的辦公室，他們會明白自己不只很優秀，而且還能變得更卓越。

「我這輩子經常需要把賭注押在別人身上，」鮑伯說：「我對他們越好，就有越多好事降臨。這真的不是我精心策劃的，只是自然就發生了。

「告訴你一個例子。大概在五、六年前，有個生產部門的員工醉醺醺地來上班，工廠裡很快就起了騷動，原來這個人把一罐五加侖的漆潑得到處都是。其他工人把漆從他手裡拿走，工廠主管把他請了出去。

「我走到外面，發現他靠著牆壁坐著，整個人很恍惚。我把他扶起來，坐上我的車，把他載回家去。他太太非常驚慌，我試著安撫她說不會有事的，她說：『哦，你不懂，W先生（也就是我）不會容忍任何人上班喝醉酒，吉姆會丟工作的，到時候我們該怎麼辦？』我告訴她吉姆不會被解雇，她問我怎麼知道，我說因為我就是W先生。

「她差點昏倒。我對她說，我會盡自己所能在工廠幫助吉姆，希望她也盡她所能在家裡幫助吉姆，明天早上讓他出門上班就對了。

「回到工廠後，我去了吉姆的部門和他同事談。我對他們說：『你們今天看到了不愉快的場面，但請你們把這件事忘了。吉姆明天會回來上班，對他友善一點，他長期以來都是個好員工，給他第二次機會是我們該做的。

「吉姆的表現恢復原有的水準，再也沒發生醉酒問題。我很快就忘了這事，但吉姆沒忘記。兩年前，本地的工會總部派了幾個人來為當地人協商契約內容，但他們有些要求實在不可思議，簡直就是不切實際。沉默、溫和的吉姆突然成了領袖，忙碌起來，提醒工廠的同事說，W先生一向給他們很公平的待遇，還說我們不需要外人來指指點點教我們怎麼經營自家工廠。

「多虧吉姆，那些外人離開了，我們一如往常像朋友一樣協商合約。」

各位也可以採取以下兩個做法，善用「有人情味」的領導模式當個更好的領袖。首先，每次面臨跟人有關的難題時，先問自己：「有人情味的處理方式是什麼？」

當下屬彼此產生爭執或是有員工闖禍時，請先思考這個問題。

記住鮑伯那套協助別人改正錯誤的公式，避免尖酸的言詞，避免挖苦奚落，避免辱罵貶低，避免教訓對方。

問自己：「有人情味的處理方式是什麼？」這麼做一定對各位有好處——有時來得快，有時來得慢，但一定會有所回報。

從「有人情味」法則中獲益的第二種方法，是身體力行展現你把他人放在第一順位。例如對下屬在職場之外的成就展現興趣；尊重對待每一個人；提醒自己，活著的主要目標就是享受人生。一般來說，你越關心一個人，對方就會帶來越多回報，他的表現正是讓你越來越成功的關鍵。

一有機會就替下屬打廣告，為下屬向你的上司美言幾句。美國人都欣賞挺身支持小人物的人。你的下屬會感謝你的讚美，也就會對你更忠誠；用不著擔心這麼做會降低你在上司眼中的重要性，恰恰相反，相較於缺乏安全感、想盡辦法讓人注意自身成就的人，眼界高到願意謙遜待人的人反而散發更多自信，稍加展現謙遜風範會對你大有助益。

一有機會就親自讚美下屬，讚揚他們的配合，讚揚他們付出的每一分額外心力。讚美是你能給予他人的最佳激勵，而且花不了你一毛錢。何況即便是強而有力的現任人選，也有可能被空降人選給擊敗，你永遠不曉得下屬甚麼時候會出手救你一把。

請練習讚美他人。

用令人有好感的方式對待他人，保有人情味。

領導法則第三條：思考進步、相信進步、追求進步

別人所能給你最好的讚賞，就是「這個人追求進步，是這份工作的不二人選」。

無論在哪個領域，升遷機會都只會降臨在相信進步、追求進步的人身上。這世上急缺真正的領袖，只想維持現狀的人（也就是會說「一切都很好啊，我們不要打亂計畫」的人）數量遠遠超過追求進步的人（也就是會說「還有很多進步的空間，讓我們想辦法做得更好」的人）。當個領導精英，培養前瞻的思維吧。

各位可以做兩個特別的小練習來培養進步思維：

1. 思考自己做的每件事能夠怎麼更好。

2. 以高標準要求自己做的每件事。

幾個月前，有間中型公司的總經理請我協助他做個重要決策。這位高階主管一手創建了這家公司，目前身兼業務經理，眼下公司有七名業務員，他決定接下來要讓其中一位升職擔任業務經理。他把人選縮小到三個，三人的經歷和業務表現都不相上下。

我的任務是各花一天觀察各個人選的工作狀況，然後向他回報我認為哪位最適合領導團隊。每個人都接獲通知，說有位顧問會來找他們討論行銷計畫，但他們並不知道我來訪的真正目的。

其中兩個人的反應相去不遠。他們面對我都很不自在，似乎意識到我的出現會改變什麼。兩人都堅決維持現狀，認可現有的每個做法。我提了些問題，詢問業務負責區域是怎麼劃分、獎勵計畫、業務行銷資料等行銷工作相關的各個面向，但無論問什麼，他們的回答永遠是：「一切都很好。」兩人在特定的問題上會向我解釋為什麼現行的做法已經夠好了，為什麼不能更動。總結來說，兩人都希望絕對不要改變現狀。其中一個人在送我回旅店時對我說：「我不知道你今天究竟是為了什麼來找我，但請跟M先生說，照現在這樣就很好了，什麼也不要改。」

令我驚喜的是，第三個人與前兩位不同。他對這家公司很滿意，也對公司的成長引以為豪，但他並不滿足於現狀，他想要進步。一整天下來，第三個業務員給了我許多點子：爭取生意、為顧客提供更好的服務、減少浪費的時間、修改獎勵計畫以提供更大的誘因……一切都是為了讓他和整個公司有更多獲利，他還把自己正在構思的新行銷活動擬了出來。在我和他道別時，他說的最後一句話是：「我很感謝有這個機會，把我的一些點子說出來。這間公司很好，但我敢肯定還能更好。」

我理所當然推薦了第三位業務，這個推薦也碰巧與公司總經理的想法相符。

只要相信擴張、效益、新產品、新程序、更好的學校、更興旺的事業，只要相信進步、追求進步，你就會是個領導者！

在我小時候，我剛好見證了兩位領導者由於思考方式的差異，導致追隨者的表現天差地別。

我念的小學位於鄉村，八個年級總共只有一個老師、四十個學生，大家全擠在一個空間裡。新老師來一向是件大事，七、八年級的學長姊會帶著其他同學，挑戰老師能容忍大家胡鬧到什麼程度。

其中一年，全校的秩序奇差無比。每天都有十幾件常見的校園惡作劇、射紙飛機，偶爾會來個特別大的事件，比如某次把老師鎖在學校外整整半天，還有一次則是反過來，將老師關在學校裡好幾個小時；有一天，高年級的每個同學都帶了隻狗進教室。

我得補充，這些孩子並不是壞學生，他們不會偷東西、打架或惡意傷害別人，只是一群習慣在鄉下跑跳的健康小孩，需要一個管道來發洩受到壓抑的強大活力與創造力。

這個教師設法撐了一個學年，不出所有人的意料，隔年九月就換了一位新老師。

新老師讓學生有了截然不同的表現。她訴諸學生的自豪與尊敬來引導大家，鼓勵所有人培養自己的意見。每個小孩都分配到一個特別任務，例如擦黑板跟清潔板擦，或是練習幫低年級的孩子改考卷。新老師用充滿創意的方式，讓孩子善用那份前幾個月胡亂發洩的精力；她的教育計畫是以培育人格為重。

為什麼那些小孩前一年像小惡魔，隔年卻像小天使？差別在於他們的領導者，也就是老師。憑良心講，我們沒辦法怪那些孩子一整個學年都在惡作劇，在每一次事件中，立下榜樣的都是老師。

第一位老師在內心深處壓根不在乎學生是否會有進步，她不為孩子訂定目標，不鼓勵他們，控制不了自己的脾氣。她不喜歡教學，所以學生也不喜歡學習。

但第二位老師立下了正面的高標準。她真心喜歡孩子，希望他們能夠有所成就，把每個孩子都視為獨立的個體。她能輕而易舉約束學生，是因為她以身作則示範何謂紀律。

在這兩個案例中，學生都是根據老師立下的榜樣來調整自身的行為。

這種調整行為的情況每天都在成人身上發生。第二次世界大戰期間，軍事將領屢次觀察到一個現象，那就是：指揮官「很好相處」、「鬆懈」、「沒什麼活力」的隊伍，絕不是士氣最高昂的隊伍。帶出精英小隊的軍官往往具有高標準，會公平恰當地執行軍隊規範。標準太低的將官不會受到士兵的尊敬與景仰。

大學生同樣會效仿教授立下的榜樣。學生面對一個教授會翹課、抄襲學期報告、想方設法輕鬆混完某個課程，面對另一個教授卻會自動自發加倍努力、刻苦用功。

職場上一樣能找到會模仿上司思維的人。仔細審視一群員工，觀察他們的習慣、行為舉止、對公司的態度、道德觀、自制力，接著拿來與他們上司的行為相較，你會發現驚人的相似之處。

每年都有許多原本運作愈趨遲緩、開始走下坡的企業展開改革，那該怎麼改革？方式就是換掉幾個高層主管。改變高層主管的思維模式，自然能改變基層員工的思維模式。

請記住：成為一個團體的領導人時，團體中的人會立刻開始根據領導者設立的標準來調整自己的行為，這種現象在頭幾週最為顯著。他們的主要目的是幫助領導人了解情況，鎖定領導人當做目標，搞清楚領導人對他們有什麼期待。他們會盯緊領導人的一舉一動，並且心想：這人會給我多大的空間？他會希望我們採取什麼做法？要怎麼做才會讓他高興？如果我做了這個或那個，他會怎麼說？

他們一把這些事搞清楚，就會據此採取行動。

請看看自己立下了什麼標準，並且把以下這幾句老套卻依然精準的詩當做參考依據：

如果每個人／都跟我一樣，
這個世界會／變成什麼樣？

為了讓這項自我測驗的意義更明確，你可以把「世界」代換成「公司」，就會變成：

如果每個人／都跟我一樣，
這間公司會／變成什麼樣？

不妨用類似的方式問問自己，如果團體、社區、學校、組織裡的每個人都像你一樣做事，那些地方會變成什麼樣子。

你希望下屬怎麼思考、說話、行動、生活，你就怎麼思考、說話、行動、生活——他們將從善如流。

長期下來，下屬往往會成為上司的翻版。想要獲得高水準的工作表現，最簡單的方法就是確保原版具有複製的價值。

自我測驗：我有追求進步的思維嗎？

一、面對工作時，我有追求進步的思維嗎？

1. 我是否抱持「該怎麼做得更好」的心態，評價自己的工作表現？
2. 我是否一有機會就讚美公司、公司裡的人和公司銷售的產品？
3. 和三個月或半年前相比，我對於自身的生產力與工作品質標準是否比較高？
4. 我是否為下屬、同事和其他共事的人立下了好的榜樣？

二、面對家庭時，我有追求進步的思維嗎？

1. 相較於三個月或半年前，我的家人現在是否更加幸福快樂？
2. 我是否持續遵循著提升家人生活水準的計畫？

3. 在家庭之外，我家人是否會參與數量足夠、種類多樣、刺激心智的活動？
4. 我是否為孩子立下了「進步派」（進步支持者）的榜樣？

三、面對自我時，我有追求進步的思維嗎？

1. 我是否能真誠地說，跟三個月或半年前相比，現在的我更有價值？
2. 我是否持續遵循有條不紊的自我進步計畫，提升我對他人的價值？
3. 針對至少五年內的未來，我是否擬定了具有前瞻性的目標？
4. 我是否支持自己所屬的每個組織或團體？

四、面對社群時，我有追求進步的思維嗎？

1. 過去半年來，我是否做了任何我真心認為會讓社群（社區、團體、學校……等等）進步的事？
2. 我是否會支持值得推行的社群計畫，而不是反對、批評或抱怨？
3. 我是否曾挺身號召，在社群中推動值得進行的改變？
4. 我是否只說鄰居和其他同伴的好話？

領導法則第四條：花時間與自己對話，培養卓越的思考力

我們總認為領導者一定格外忙碌，也確實如此，因為領導意味著要勇於赴湯蹈火。但值得注意的是，領導者其實常花很多時間獨處，自己一個人思考，儘管這點常受忽視。

看看了不起的宗派領袖所過的生活，就會發現他們每個人都用許多時間獨處。摩西經常獨自一個人，一待就是很長一段時間，耶穌、釋迦牟尼、孔子、穆罕默德、甘地也是如此——歷史上每個傑出的信仰領袖都有很多獨處的時光，以遠離生活中的干擾。

政治領袖也一樣，無論是在歷史留下美名或罵名，名垂千古的政治人物也是透過獨處獲得洞見。小羅斯福總統要不是罹患小兒痲痺症，在養病時有許多獨處時間，他是否能養成如此非比尋常的領導作風還很難說；杜魯門不管是兒時或成年後，也都在密蘇里州的農場獨自度過許多時光。

頂尖大學只要求教授一週教五小時的課，讓教授有時間思考。

許多優秀的企業主管每天都被助理、祕書、電話和報告給淹沒，但要是花一整年的時間觀察他們，你會發現他們也花很多時間在不受干擾的思考上，多到令你驚訝。

這告訴我們，每個領域的成功人士都會花時間與自己對話。領袖人物運用獨處來透徹地思考問題、推敲解決方法、擬定計劃，用一個詞彙來形容，可以說是「超級思考」。

很多人無法發揮有創意的領導力，正是因為他們雖然肯跟任何人事物對話，唯獨不願跟自己對話。你一定也對這樣的人很熟悉，這種人會想盡辦法避免獨處，盡量讓身邊圍繞著人。他受不了自己一個人待在辦公室，於是到處找人陪；他甚少單獨度過夜晚；清醒時的每一分每一秒，他強烈渴望跟別人對話；他吸收大量的閒話和八卦。

如果這個人因情勢所迫非得獨處不可，他會想辦法讓自己的腦袋不孤單。這種時候，他會看電視、上網、滑手機、講電話、做任何能控制他思考流程的事情，基本上就是在說：「來，電視先生、手機先生，替我占據我的腦袋吧，我不敢用我的思緒占據它。」

「受不了獨處」先生會對獨立思考敬而遠之，總是封鎖自己的心智，內心相當畏懼自己的思緒。隨著時間流逝，「受不了獨處」先生會變得越來越膚淺，做出許多思慮不周的行動，未能培養達成目標的決心和穩定的性情。他對潛藏在腦中未開發的超能力渾然不覺，十分可惜。

不要當個「受不了獨處」先生。成功的領袖都是透過獨處來發揮超能力，你也辦得到。

接著來說明該怎麼做。

在一個專業培訓課程上，我請十三個學員每天關起來獨處一個小時，持續兩週。我要學員排除所有干擾，以有助益的方式，來思考內心浮現的事情。

兩週結束後，每個學員無一例外地表示這個經驗十分寶貴、有價值，令人相當驚豔。其中一人說在這場強制獨處實驗前，他和另一間公司的主管眼看就要決裂，但經過清楚的思考後，他找到了問題的根源和解決之道。其他人則說，他們解決了各式各樣的問題，例如換工作、婚姻難題、買房子、替十幾歲的孩子挑選大學等等。

每個學員都熱切表示，他們比從前更加了解自己，包括自己的強項和短處等等。

學員也發現另一個極其重要的現象。他們發現強制讓自己獨處之後，所做的決定和心生的洞見會是百分之百正確，非常不可思議！學員發現只要把眼前的迷霧撥開，對的決定自然會清晰無比。

強制獨處對人大有裨益。

最近的某一天，我有位朋友對某個棘手問題的態度突然一百八十度大轉彎，我很好奇她為什麼改變想法，因為那個問題非常重大。她是這麼回答：「這個嘛，我心裡一直沒好好想清楚該怎麼做，於是我今天凌晨三點半起床，泡了杯咖啡，然後坐在沙發上思考到早上七點。現在我把整個問題看得更清楚了，唯一該做的就是徹底改變立場。」

事後證明，她的新立場完全正確。

現在就下定決心，每天抽出一點時間（至少三十分鐘）徹底獨處。

也許最適合你的是其他人都還沒起床的早晨，也或許晚上更適合你，重點在於選一個自己思緒清楚、能夠遠離干擾的時間。

你可以善用這段時間做兩種類型的思考：一種是具有針對性，一種則不具針對性。如果要進行有針對性的思考，請回顧自己正在面臨什麼重大問題。獨處時，你的心智會客觀審視這個問題，帶領你找出正確解答。

如果是做不具針對性的思考，只要讓心智自行選擇它想思考的主題即可。這時候潛意識會從記憶中搜尋，再把記憶傳遞至意識。不具針對性的思考對於自我評估非常有用，能幫助你思考非常基本的事項，例如：「我該怎麼做得更好？下一步該怎麼做？」

切記，領袖人物的主要任務就是思考，假如想為領導他人預做準備，最好的方式也是思考。每天花點時間強制讓自己獨處，你就能透過思考大獲成功。

如何更有效領導別人

假如想要更有效領導他人，請善用以下四大領導法則：

1. 設身處地為自己想引導的人著想。

站在對方的角度看事情，更容易讓對方按照你的期望做事。採取行動前，問自己：「如果我跟對方交換立場，我會有什麼看法？」

2. 和他人打交道時，善用「有人情味」法則。

不管做什麼事，都先自問：「有人情味的做法是什麼？」展現你把別人放在第一位的態度。用你自己期望受到對待的方式來對待別人，你一定會得到回報。

3. 思考進步、相信進步、追求進步。

無論做什麼，思考時都要以進步為本；無論做什麼，都要保持高標準。長期下來，下屬往往會變成主管的翻版，請確保原版具有複製的價值。下定決心要求自己：「無論在家庭、在職場、在社群中，我永遠追求進步。」

4. 花時間與自己對話，發揮卓越的思考力。

強制讓自己獨處會大有裨益，善用這個方法來解放創造力，找出個人和工作問題的解決方法。每天撥出一點時間獨處，專門用來思考。好好運用每個偉大領導人物都會用的思考技巧：**和自己對話**。

行動指南

GUIDELINE

思維能創造奇蹟，但這點很容易遭人遺忘。面臨困境時，你的思考格局可能會大幅縮水，一旦發生這種情況，你將一敗塗地。

以下提供簡要指南，讓各位能在想使用眼界窄小的做法時記得要保有大格局。另外也不妨將這些指南寫在小卡片上，方便隨時拿出來參考。

一、眼界狹小的人想打擊你時，請發揮 Think big

一定有人想看你失敗，看你不幸、受人非難，但只要記住三點，就無人能傷害你：

1. 在你拒絕和小家子氣的人計較時，你就已經贏了。和小人物計較只會把自己的格局降到和他們同一水準，請保持你的大格局。
2. 做好被攻訐的心理準備，這證明你在成長。
3. 提醒自己，攻訐你的人內心都生病了。保持大格局的風度，替他們感到惋惜。

維持大格局，就會對小人物的攻擊免疫。

二、內心浮現「我沒辦法勝任」的念頭時，請發揮 Think big

切記：要是你覺得自己很弱，你就很弱；要是你覺得自己能力不足，你就是能力不足；要是你覺得自己只是二流人物，你就是二流人物。請善用下列工具，把低估自我價值的習慣給戒掉：

1. 打扮得像個重要人物。這麼做能幫助你像個重要人物那樣思考，你的外在和你內在的感受大有關聯。
2. 聚焦於自己的優勢。打造「對自己推銷自己」的廣告，確實加以運用；學會如何為自己快速充電；還有要了解自己的正面特質。
3. 公正持平地看待別人。對方也只是個人，何必害怕呢？

維持大格局，就會明白自己其實很優秀！

三、即將爆發爭端或齟齬時，請發揮 Think big

各位可以透過這兩種方式，有效抵抗反駁和爭執的慾望：

1. 自問：「老實講，這件事真的值得吵嗎？」
2. 提醒自己，吵架永遠沒辦法讓自己獲益，卻總會讓你有所損失。

維持大格局，就會明白口角、爭執、齟齬、小題大作絕對無法幫助自己實現目標。

四、感到消沉頹喪時，請發揮 Think big

獲得非凡成就之前，免不了碰上困境與挫折，但你可以避免自己過著萎靡不振的人生。懂得 Think big 的人會如此面對挫折：

1. 把挫折當成一個教訓，從中學習、深刻檢討，善用挫折讓自己進步，從每一次挫折中吸取經驗。
2. 毅力需要結合實驗精神。不妨退後一步，用新方式重新開始。

維持大格局，請記住失敗只不過是種心理狀態，別無其他。

五、愛情開始褪色時，記得發揮 Think big

負面、小家子氣、「那人對我不好，所以我要報復回去」的思維會扼殺愛情，抹消自己原本能擁有的愛。如果感情之路不順遂，你可以這麼做：

1. 面對你希望能愛你的那個人時，專注於對方身上最好的特質。把無關緊要的特質視為次要，那才是它們該待的類別。
2. 經常為伴侶做些特別的舉動。

維持大格局，就能掌握婚姻幸福的祕訣。

六、覺得在職涯上爬升的步調變慢時，請發揮 Think big

不管你採取什麼行動，不管你做的是什麼職業，更高的地位、更高的薪水都源於同一件事：提升自己的生產力和工作表現。

你可以這麼做：內心想著「我能做得更好」。卓越並非遙不可及，任何事都有做得更好的空間，在這世上沒有任何事已經臻至完美。當你心想「我能做得更好」，更好的做法自然會浮現；內心想著「我能做得更好」將啟動你的創造力。

維持大格局，你將發現只要把服務擺在第一，財富自然會隨之而來。

正如古羅馬哲學家普布留斯・西魯斯所言：智者主宰心智，愚者反受心智奴役。